教育部基础教育课程教材发展中心校本课程建设推进研究项目（项目编号：XB20200201）成果
广东省教育科学“十三五”规划2020年度研究项目（项目编号：2020JKDY021）成果

青少年生命健康与劳动教育研学课程

廖文 / 主编
钟馥妃 / 绘

华南理工大学出版社
SOUTH CHINA UNIVERSITY OF TECHNOLOGY PRESS
·广州·

图书在版编目（CIP）数据

青少年生命健康与劳动教育研学课程 / 廖文主编；钟馥妃绘．—广州：华南理工大学出版社，2021.7

ISBN 978-7-5623-6776-5

Ⅰ.①青…　Ⅱ.①廖…　②钟…　Ⅲ.①健康教育－中小学－教材　②劳动课－中小学－教材　Ⅳ.① G479

中国版本图书馆 CIP 数据核字（2021）第 116729 号

Qingshaonian Shengming Jiankang Yu Laodong Jiaoyu Yanxue Kecheng

青少年生命健康与劳动教育研学课程

廖　文　主编　钟馥妃　绘

出 版 人：卢家明

出版发行：华南理工大学出版社

（广州五山华南理工大学 17 号楼，邮编 510640）

http://www.scutpress.com.cn　E-mail: scutc13@scut.edu.cn

营销部电话：020-87113487　87111048（传真）

责任编辑：吴翠微

责任校对：梁晓艾

印 刷 者：佛山家联印刷有限公司

开　　本：889mm × 1194mm　1/16　印张：7.5　字数：205 千

版　　次：2021 年 7 月第 1 版　2021 年 7 月第 1 次印刷

定　　价：35.00 元

《青少年生命健康与劳动教育研学课程》

编 委 会

前言

新的百年，以大数据、人工智能、物联网、云计算等技术的广泛应用为特征的信息化和智能化革命必将更深刻地改变人类世界。如何培养具有核心竞争力的未来一代，是时代给每一个教育者提出的重大命题。寻求减负与增效、个性化学习与多元化素养培育的平衡，已经是教育界的共识。基于此，课程的创新势在必行。

在"万众抗疫，守护生命"的特殊时期，本课程研发团队以课题为引领，联合了一批对创新教育有心力的一线教育工作者，携手开展具有新时代意涵的创新型课程研发工作，力求通过一种崭新的思维向度和育人实践承担起引导青少年树立正确生命观、劳动观、学习观的教育任务。具体而言，就是将研学教育和生命教育、劳动教育、综合实践等融进"大德育"与"项目学习"的框架中，选取蕴含丰富哲学思想、人文精神、价值理念、道德规范、生活智慧的学习主题，建立学习与生活的有机联系，引导学生在广阔开放的生命健康和劳动教育情境中运用理性思维发现问题，回归真实世界探索问题，获得关于自我、他人、自然、社会的真实体验，把丰富的世界植入生命历程之中，让孩子获得向下扎根、向上生长的生命力。

本课程是广东省教育科学"十三五"规划2020年度研究项目（项目编号：2020JKDY021）、教育部基础教育课程教材发展中心校本课程建设推进研究项目（项目编号：XB20200201）联合研究成果之一。本课程在佛山南海大沥御堡生命健康研学基地开展了实践探索，获得了来自各界的广泛好评。孩子们在研学过程中所表现出来的深度学习状态和迸发出来的快乐幸福的生命状态，是对我们团队所有人的鼓舞和鞭策。真诚欢迎广大师生参与到课程创新与学习体验中来。

未能尽善尽美，敬请指正。

华南师范大学教师教育学部未来学习空间研究中心
粤港澳大湾区教师教育与教师发展测评研究中心　廖　文

2021年3月16日

目 录

与基因科学握手

——了解基因科学，洞悉生命奥秘

学校	班级	姓名	活动时间	地点

一、组建团队

(1) 这节课我们将自由组成“基因探秘队”，一起探索基因的奥秘。每队由 5 ～ 6 名同学组成，男女搭配，民主选举队长，其他队员根据自己的特长，竞选合适的角色。

队长

姓名：________

职责：领导团队，调动团队气氛，________
____

秘书长

姓名：________

职责：记录会议内容，评估成员表现，________
____
____
____

科研部长

姓名：________

职责：引导团队发现问题、解决问题，________
____
____
____

技术部长

姓名：________

职责：提供技术帮助，纠正技术错误，________
____
____
____

宣传部长

姓名：________

职责：负责团队工作成果的整理和宣传，________
____
____

____

姓名：________

职责：________
____
____
____
____

(2) 为团队设计响亮的队名及口号。

团队名称：________________

团队口号：________________

二、知识加油站：了解基因

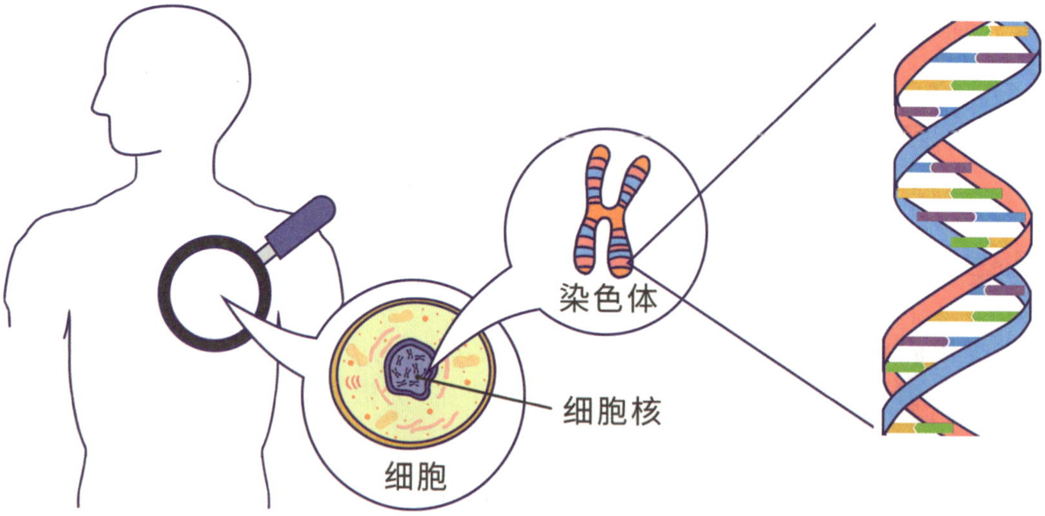

人类是多细胞生物，细胞是生物体结构和功能的基本单位。细胞中的细胞核控制着细胞的代谢和遗传，细胞核含有染色质（染色体）。染色体主要由 DNA 和蛋白质组成。DNA 是遗传信息的载体，基因是具有遗传效应的 DNA 片段。

以团队为单位，谈谈你对下面两个案例的看法，并写下想要进一步了解的与“基因与人类关系”话题相关的内容。

案例一

语言，其实是一种刻在基因里的本能。词汇是需要后天学习的，但语法却直接与基因相关，儿童天生具有适用于所有人类语言的基本语法结构。一旦和语法相关的基因发生了突变，就会出现遗传性的语言障碍。

案例二

心脏病有可能由先天基因缺陷引发，也有可能由后天的社会生存压力过大引发。社会生存压力越大，越难以控制自己的生活，体内的皮质醇含量就越高，得心脏病的可能性也就越高。

三、研学活动

（一）香蕉基因组 DNA 的提取

仔细阅读以下实验说明，并以团队为单位，合作完成香蕉基因组 DNA 的提取实验。完成实验后，团队内讨论实验结果并对实验过程进行反思。

实验说明（具体实验步骤说明可见易拉宝）

①一支滴管只能取用一种液体，切勿混用，以免污染试剂。

②严格按照实验的指导要求取适当药品，避免药品的浪费。取出的液体不能放回瓶中，实验中的所有废液需放入废液缸内统一处理。

③本实验所用药品均无毒无害，但要正确操作，避免污染环境卫生等。

④样液由教师制备，即实验步骤①~③已完成，学生需完成剩余步骤。

香蕉基因组 DNA 的提取实验报告

（1）实验目的：了解简易式提取 DNA 的过程和步骤，学习基本的实验操作。

（2）实验原理：生物体中的 DNA 和蛋白质组合在一起以染色质或染色体的形式存在于细胞核中。本实验需要把染色体从细胞中释放出来，并除去与 DNA 结合的蛋白质，才能提取基因组。

小贴士：洗洁精是一种阳离子去污剂，能够破坏细胞结构，释放出核酸。隐形眼镜清洁液含有蛋白酶，可以分解凝结在 DNA 上的蛋白质。食盐和乙醇能够降低 DNA 的溶解性，使香蕉基因组 DNA 析出。

（3）实验材料：玻璃皿、50 毫升离心管、100 克洗洁精（无色）、食盐、药勺、隐形眼镜液、细吸管、75% 酒精、胶头滴管、小烧杯、小网筛。

（4）实验步骤：

①

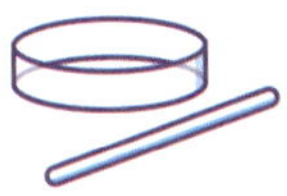

取一个玻璃皿，加入______、______、______，搅拌均匀，获得提取液。

②

取 50 克的香蕉果肉，放入食品密封袋，并加入适量的______后，将香蕉果肉压碎获得匀浆液。

③

将香蕉浆放入滤网中过滤，获得滤液。（若滤液不足，可继续按照步骤①～③制作新的滤液。）

④

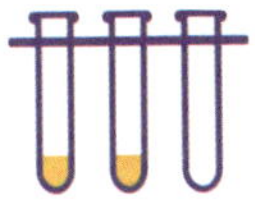

将离心管编号，取 10 毫升的滤液置于 50 毫升的尖平底离心管中。

⑤

用胶头滴管在离心管中加入 3 毫升隐形眼镜清洁液（1 号管），轻轻震荡。

⑥

加入10～20 毫升 75% 的酒精（2 号管），放置一段时间，观察实验现象。

（5）实验结果：

现象描述：________________________________

____

将提取的香蕉基因组 DNA 的照片贴在下方。

（6）实验反思：

实验存在的问题	原　因	解决方法
实验结果不明显	研磨的力度不够，香蕉细胞的细胞膜未被破坏，基因组未释放出来	加大研磨力度，准确科学地完成实验步骤

（二）DNA 的结构

DNA 分子一般是由两条脱氧核苷酸长链构成，空间结构为双螺旋结构。每条长链都由 4 种脱氧核糖核苷酸组成，并以碱基互补配对的形式结合。

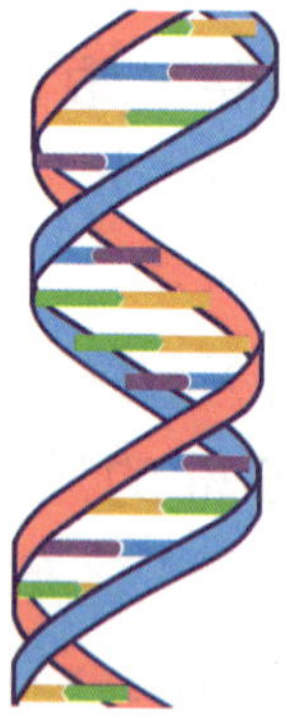

DNA 双螺旋结构

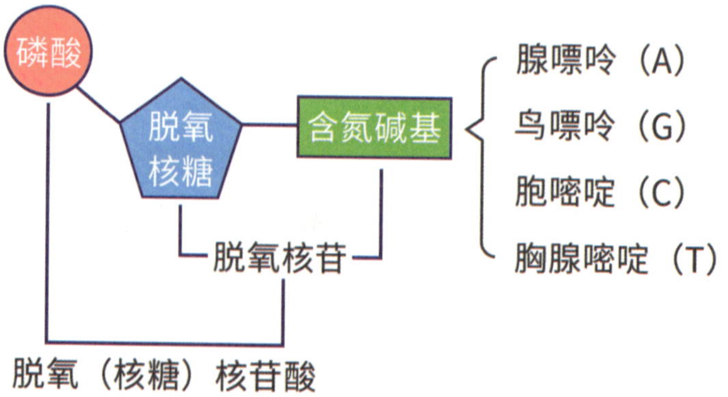

DNA 的基本单位结构图

以团队为单位，根据所学内容，利用现场的学具，拼接出 DNA 双螺旋模型，并总结出 DNA 分子的特点，填写在下面：

①______

②______

③______

④______

⑤______

⑥______

（三）小小生物学家

随着科学家们对基因的了解更加深入，不断地开发新技术以实现对生物基因的操控，包括从基因入手治疗疾病、发明冷冻蚀刻技术揭示生命现象等。如果你是一名生物学家，你会利用基因检测为生活带来什么改变？以团队为单位，阅读展板上的相关内容，开动脑筋，设计一款与基因检测相关的产品，并将设计的思路写在设计书中。

______产品设计书

产品背景：______

______

（注：说明产品的灵感来源、解决的问题等。）______

产品名称：______

产品功能描述：

①______

②______

③______

④______

⑤______

产品创新点：

①______

②______

③______

④______

⑤______

你认为一个优秀的产品应该达到哪些标准？请补充评价维度，并对上台分享的四个团队进行评分（分数从低到高用 1 ～ 5 表示）。

评价维度	团队 1	团队 2	团队 3	团队 4
创新性	1 2 3 4 5	1 2 3 4 5	1 2 3 4 5	1 2 3 4 5
可行性	1 2 3 4 5	1 2 3 4 5	1 2 3 4 5	1 2 3 4 5
安全性	1 2 3 4 5	1 2 3 4 5	1 2 3 4 5	1 2 3 4 5
科学性	1 2 3 4 5	1 2 3 4 5	1 2 3 4 5	1 2 3 4 5
	1 2 3 4 5	1 2 3 4 5	1 2 3 4 5	1 2 3 4 5
	1 2 3 4 5	1 2 3 4 5	1 2 3 4 5	1 2 3 4 5
总分				

研学活动评价

自评

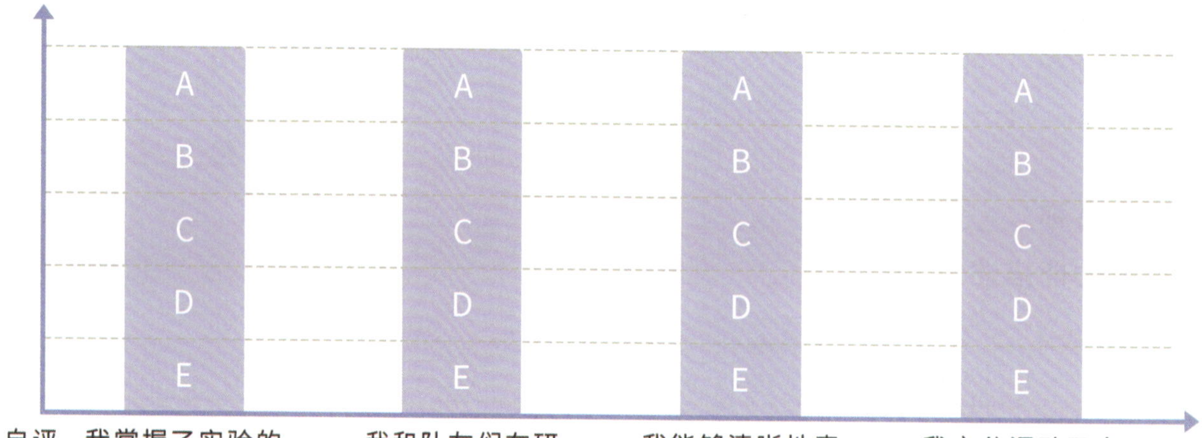

自评内容

- 我掌握了实验的操作流程，且对生物学家这一职业有了进一步的认识
- 我和队友们在研学活动期间的合作融洽，能携手高效完成学习任务
- 我能够清晰地表达出自己的观点，积极地参与团队活动
- 我充分调动了自己的知识储备，在产品设计中，提出了自己的想法

总结

在本次课程学习中，我认为最佳产品设计书是＿＿＿＿＿＿＿＿队设计的。

理由是：＿＿＿＿＿＿＿＿＿＿＿＿＿＿＿＿＿＿＿＿＿＿＿＿＿＿＿＿

我认为我们队设计的产品还可以从这些方面改进：＿＿＿＿＿＿＿＿＿＿＿＿

＿＿＿＿＿＿＿＿＿＿＿＿＿＿＿＿＿＿＿＿＿＿＿＿＿＿＿＿＿＿＿＿

“我是谁”

——认识自己，保护身体

学校	班级	姓名	活动时间	地点

一、组建团队

(1) 这节课我们将组建团队一起探索人体的奥秘。每个团队由 5~6 名同学组成，男女搭配，民主选举队长，并进行人员分工。

队长

姓名：__________

职责：统筹团队的各项活动，__________

物资管理员

姓名：__________

职责：安排显微镜等物资的使用和放置，__________

信息记录员

姓名：__________

职责：记录和整理团队会议内容，__________

产品设计师

姓名：__________

职责：设计和策划新产品的研发，__________

健康管理师

姓名：__________

职责：负责活动中与健康管理相关的资料的查找与核对，__________

?__________

姓名：__________

职责：__________

(2) 为团队设计响亮的队名及口号。

我们的队名是：________________

我们的口号是：________________

二、知识加油站

请结合人体模型，了解人体生命系统的结构层次，将下列人体结构的配图连接到相应的结构层次中，并补充图中的概念。

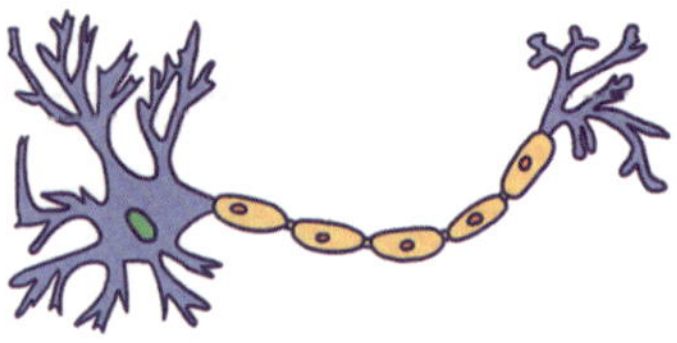
神经元

____

____

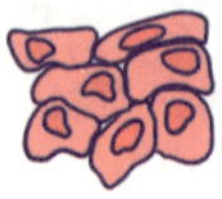
口腔上皮组织

____

____

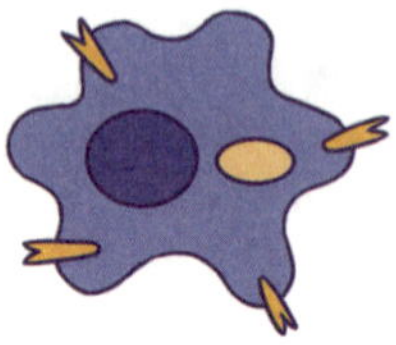
巨噬细胞

____

____

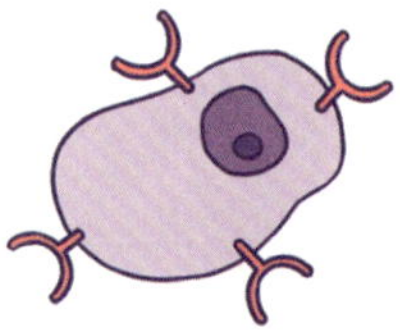
肥大细胞

____

____

细胞

细胞是生物体基本的结构和功能单位。

组织

____

____

器官

____

____

系统

____

____

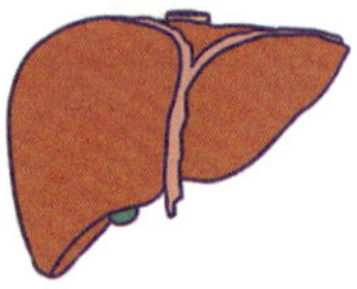
肝

____

____

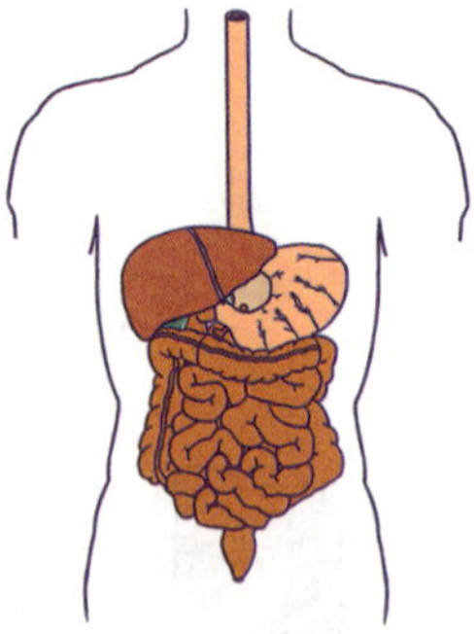
消化系统

____

____

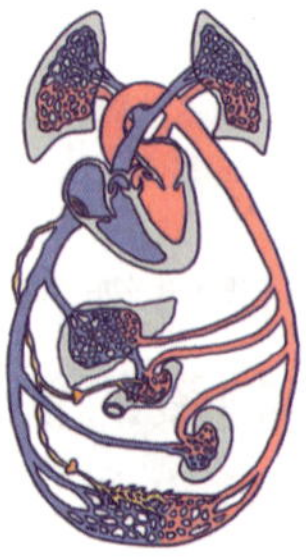
循环系统

____

____

人体生命系统的结构层次：________→________→________→________→人体。

三、研学活动

（一）“揭开组织的神秘面纱”

（1）在揭开组织的神秘面纱前，我们需要学习如何正确使用显微镜。请结合老师的讲解，记录显微镜的操作步骤。

显微镜使用说明

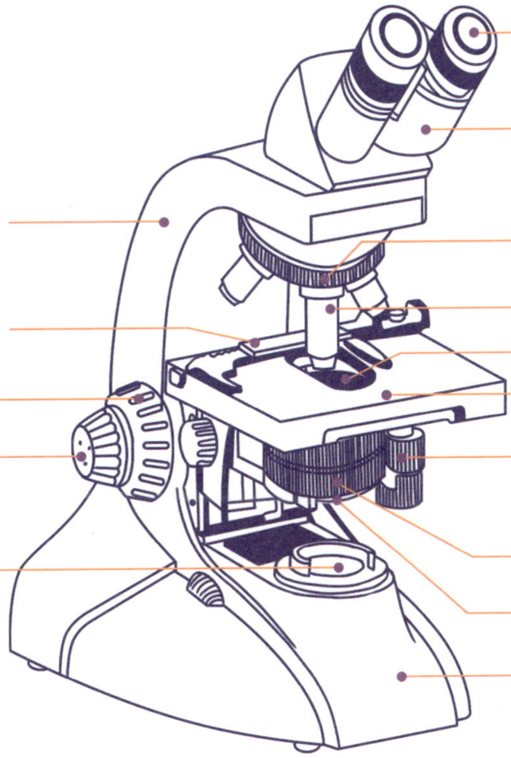

①对光：转动________，使低倍镜对准载物台的通光孔。打开________，将反光镜转向光源，同时调节反光镜方向，直到视野内的光线均匀明亮为止。

②放置玻片标本：取一玻片标本放在________上，使有盖玻片的一面朝上，用推片器弹簧夹夹住，并将所要观察的部位调到通光孔的正中央。

③调节焦距：转动________，直到视野中出现清晰的物像为止。

④选好目标：先在低倍镜下把需进一步观察的部位调到中心，同时把物像调节到最清晰的程度。

⑤换成高倍镜：转动________，换上高倍镜。转换高倍镜时注意转动速度要慢，并从侧面观察镜头是否压住玻片。

⑥观察与记录：转换好高倍镜后，缓慢转动________，获得清晰的物像后，即可进行观察与记录。注意请勿压烂玻片。如果视野的亮度不合适，可用聚光器和光圈加以调节；如果需要更换玻片标本，必须先使镜台下降，方可取下玻片标本。

（2）团队合作，使用显微镜观察人体四大基本组织切片，将观察到的组织结构画到下列圆框中，并描述其结构特点。

基本组织观察记录

装片 1 名称：运动神经元

结构特点：运动神经元具有多条比较长的突起，

装片 2 名称：

结构特点：

装片 3 名称：

结构特点：

（二）“我的内脏团队”

人体内脏维系着机体的正常生命活动：肺如同机体的引擎，通过呼吸作用为人体提供生命的燃料——氧气；肝脏和肾脏好比机体清洁机，及时清除排出体内代谢的废物……它们宛如一台机器的零件，缺一不可，只有平时注意保养才能用得更久。类似地，人体内脏也需要保养才能更好地发挥作用，远离疾病。请结合展板上的资料，团队讨论并设计一份内脏保养秘诀。

□心 □肝 □脾 □肺 □肾 保养秘诀

适用人群

____

____

____

秘诀内容

____

____

____

____

____

____

____

____

____

____

用法用量

____

____

____

注意事项

____

____

____

补充评价维度，并对上台分享保养秘诀的四个团队进行评分（分数从低到高用 1 ～ 5 表示）。

评价维度	团队 1	团队 2	团队 3	团队 4
实用性	1 2 3 4 5	1 2 3 4 5	1 2 3 4 5	1 2 3 4 5
创意性	1 2 3 4 5	1 2 3 4 5	1 2 3 4 5	1 2 3 4 5
	1 2 3 4 5	1 2 3 4 5	1 2 3 4 5	1 2 3 4 5
	1 2 3 4 5	1 2 3 4 5	1 2 3 4 5	1 2 3 4 5
	1 2 3 4 5	1 2 3 4 5	1 2 3 4 5	1 2 3 4 5
总分				

（三）“你所不知道的眼耳口鼻”

1. 口罩家族比比看

雾霾容易对人体的呼吸系统、心血管系统等产生危害，而戴口罩是减轻危害的重要途径。请对以下口罩的特性进行比较，并在老师的指导下，学习如何正确佩戴口罩。

口罩类型	防护性	舒适性	便携性	美观性	适用场合
普通纸口罩			便携性强		
外科手术口罩					外科手术室
活性炭医用口罩	吸附有机气体及毒性粉尘，能防毒防尘				
防尘保暖口罩				样式较多	
防霾口罩	隔离 PM2.5，兼备防尘功能				
工业防尘口罩			体积较大，不方便携带		

2.“呼吸保卫战”

思考市面上防霾口罩的优缺点，结合便携、美观、舒适等因素，团队合作设计一款创新型口罩。

（产品名称）

设计思路

设计模型示意图

使用方法

补充评价维度，并对上台介绍新型口罩的四个团队进行评分（分数从低到高用 1 ～ 5 表示）。

评价维度	团队 1	团队 2	团队 3	团队 4
实用性	1 2 3 4 5	1 2 3 4 5	1 2 3 4 5	1 2 3 4 5
美观性	1 2 3 4 5	1 2 3 4 5	1 2 3 4 5	1 2 3 4 5
创意性	1 2 3 4 5	1 2 3 4 5	1 2 3 4 5	1 2 3 4 5
	1 2 3 4 5	1 2 3 4 5	1 2 3 4 5	1 2 3 4 5
	1 2 3 4 5	1 2 3 4 5	1 2 3 4 5	1 2 3 4 5
总分				

研学活动评价

自评

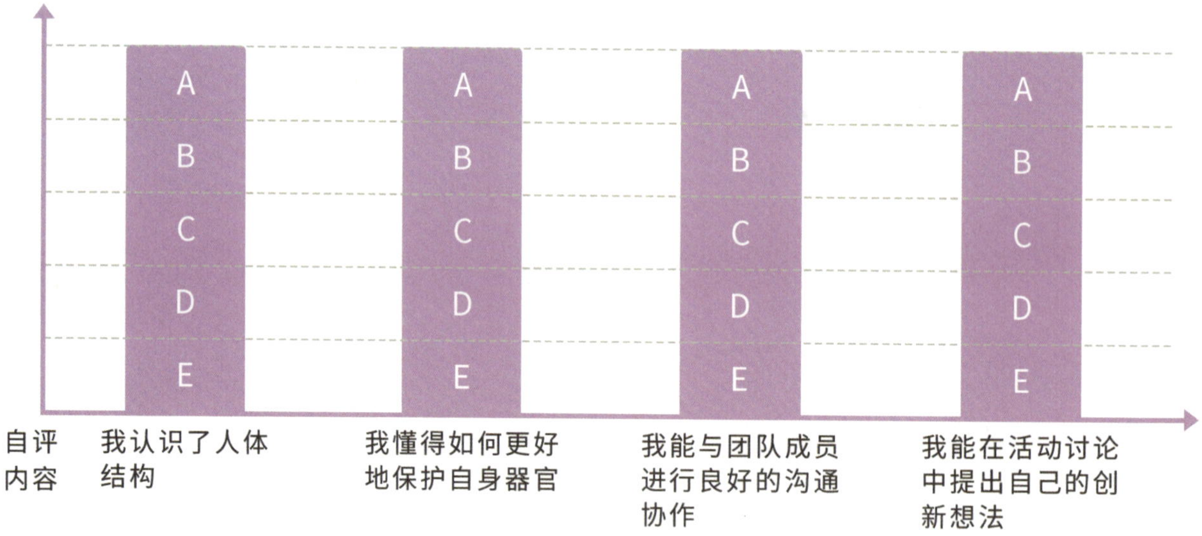

总结

在这次活动中，我认为最佳口罩设计是____________团队设计的新型口罩。理由是：________________________

____

我认为我们团队的新型口罩还可以从这些方面改进：____________

____

____

勇攀高峰

——体验攀岩，锻造品格

学校	班级	姓名	活动时间	地点

一、组建团队

(1) 本次活动我们将组建“极限攀登队”，共同体验克服重力、向上攀登的过程。每队 5～6 人，男女搭配，自由组建团队，民主选举队长，并进行人员分工。

队长
姓名：______
职责：负责团队内的统筹安排，______

试攀员
姓名：______
职责：在团队正式攀爬前进行尝试性攀登，______

保护员
姓名：______
职责：通过收放绳索为攀登员提供保护，______

安全检查员
姓名：______
职责：负责在攀登前检查安全措施是否符合要求，______

技术员
姓名：______
职责：指导队员的攀爬技巧与动作，______

?
______
姓名：______
职责：______

(2) 为团队设计专属队名、口号及队徽。

我们的队名是：______

我们的口号是：______

我们的队徽

二、知识加油站

攀岩是从登山运动中衍生出来的竞技运动项目，有“岩壁芭蕾”“峭壁上的艺术体操”等美称。攀岩种类按照场地差异主要分为两大类：一类是自然岩壁攀登，即攀爬野外天然生成的岩壁，也称为“传统攀登”；另一类是人工岩壁攀登，包括室内攀岩馆与室外人工岩壁，也称为“竞技攀登”。

以团队为单位讨论，并写出自然岩壁攀登与人工岩壁攀登的优缺点。

种类	优点	缺点
自然岩壁攀登	①可以接近自然	①地处偏僻，交通不便
人工岩壁攀登	①安全性较高	①缺少特殊地形

三、研学活动

（一）装备我会辨

攀岩装备主要分为辅助性装备与保护性装备两大类，其中保护性装备关系到攀登者的生命安全，在购买和使用时必须注意质量。

请辨别以下各式攀岩装备所属的类型，填写在相应的空格中。

攀岩鞋

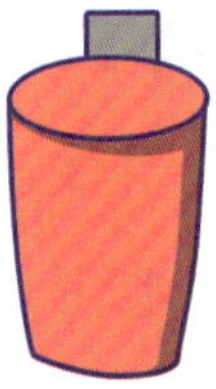
镁粉与粉袋

铁锁
（钢锁、主锁等）

攀岩运动服装

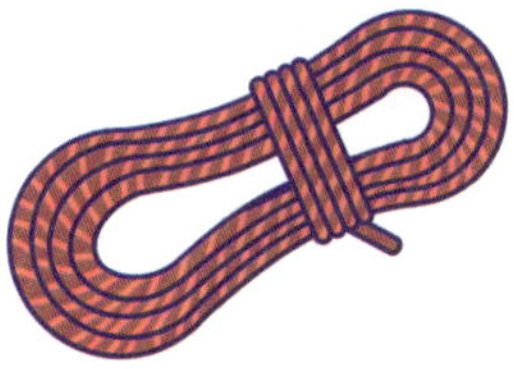
攀岩绳

安全带

上升器

下降器
（八字环等）

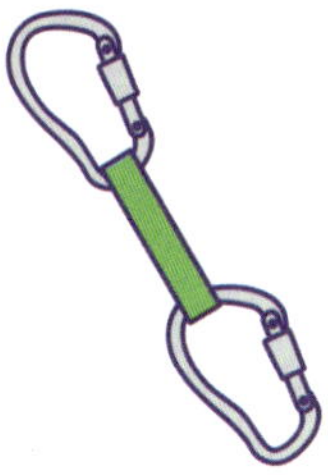
快挂

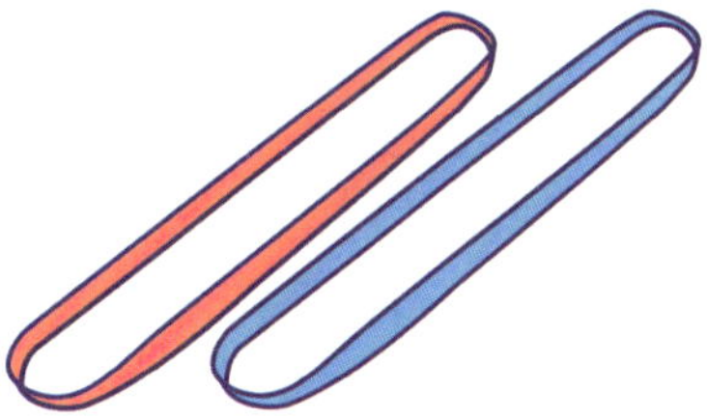
扁带

辅助性装备	保护性装备

（二）技巧我在行

以下为攀岩时的基本技巧与基本动作，请根据提示语填写对应的关键词。

基本技巧

（　　　　）：抓住前上方牢固支点，引体向上。

（　　　　）：利用台阶、缝隙或其他地形，借助手掌和小臂使身体向上或向左右移动。

（　　　　）：利用侧面、下方的岩体或物体，以手臂的力量使身体移动。

（　　　　）：利用能容纳身体的裂缝，用背部靠住一侧岩面，用四肢顶住对面岩石，使身体上移。

（　　　　）：将手伸进缝隙里，弯曲手掌或握拳，以此抓住岩石的缝隙移动身体。

（　　　　）：用前脚掌或脚趾的蹬力把身体支撑起来，减轻上肢的负担。

（　　　　）：利用自身的柔韧性，避开难点，以寻求有利的支撑点。

（　　　　）：用脚尖或脚跟挂住岩石，维持身体平衡使身体移动。

（　　　　）：利用脚前部踩较大的支点，减轻上肢的负担，移动身体。

关键词：拉、撑、推、靠、张、蹬、跨、挂、踏

基本动作

（　　　　）：在难度攀岩的过程中，某些地方只有一个支撑点（脚点），就需要在此点处换脚，才能平衡身体或者易于发力前进。

（　　　　）：在难度攀岩的过程中，受路线点的位置设置和跨度的影响，需让身体侧对岩壁，并用另一侧的手脚发力，才能继续攀爬。

（　　　　）：在难度攀岩的过程中，由于跨度较大，且岩点（指力点）很小而不能进行穿跳动作或动态发力时，需锁臂，静态发力。

（　　　　）：在难度攀岩的过程中，当手点与脚点的位置在一条纵向直线上，且下一个手点的位置相对较远，不易够着时，需用背腿动作，且要锁臂，静态发力，才能平稳攀爬。

关键词：换脚、侧拉、锁臂、背腿

（三）安全保护要注意

（1）以下为攀岩的保护措施，请根据描述画出保护措施流程。

在攀岩运动中，无论采取何种方式向上攀爬，都需要一定的安全保护措施。我们常见的攀爬体验是顶绳攀岩，其保护措施如下：保护员提前挂好攀岩绳，攀岩者需要系好安全带，戴好头盔；保护员通过主锁将绳的一端连接攀岩者的安全带，绳的另一端通过保护器连接保护员。在攀登前，攀岩者和保护员相互

检查对方装备是否穿戴好；检查无问题后，保护员示意攀岩者可以攀登，攀岩者才可攀登。在攀岩者往上爬的同时，保护员不断收紧绳子；如果攀岩者脱落，保护员也应收紧绳子，攀岩者才不会冲坠。攀岩者到顶后，保护员指导攀岩者做好下降动作，通过保护器让其缓慢下降落地。

（2）攀岩者的生命系于保护员的手里，因此保护员必须谨记保护过程中的注意事项。请补充以下注意事项的空缺部分。

①要选择最佳的位置，以便关注攀岩者及其操作。

②正确的站立姿势有利于操作方便、身体舒适与保证安全。

③时刻关注攀岩者，力求一定的预见性，防止突发脱落。

④保护攀岩者时，要有一只手紧提＿＿＿＿＿＿＿＿＿＿＿＿＿＿＿＿＿＿。

⑤收放绳子要灵活自如，绳子松紧要适度。

⑥攀岩者下降时，手握绳子要＿＿＿＿＿＿＿＿＿＿＿＿＿＿＿＿＿＿＿＿。

⑦攀岩者脱落时，不要慌乱、紧张，应立刻拉紧绳子，给予一定的缓冲过程，且让其缓慢匀速下落。

⑧攀岩者起步时，＿＿＿＿＿＿＿＿＿＿＿＿＿＿＿＿＿＿＿＿＿＿＿＿＿＿。

四、勇攀高峰

（1）以团队为单位填写如下记分表，记录目标分数与实际成绩。

记 分 表

攀登顺序	攀登人姓名	个人 目标分数	修改后 目标分数	攀登高度	与目标分数 的差距	个人 实际成绩
团队总成绩 （个人实际成绩之和）						
大部队总成绩 （所有团队总成绩之和）						

【比赛规则】

①每队在正式攀爬之前，可选择一名队员进行尝试性攀登，试攀队员可选择此次的得分作为本人的正式成绩参加团体分计算，否则以正式攀爬成绩计算。
②每人在攀登前，需要设定个人目标分数（个人目标分数的设定不得低于教练预设的最低分），并填入记分表中。
③每人在正式攀登前，有一次机会对自己的目标分数进行修改和调整。
④每次每队选出一名队员，各队同时出发攀登。
⑤攀登过程中每人允许脱手一次，空中休息不得超过 30 秒钟。
⑥每轮的攀登时间限定为 5 分钟。
⑦当每轮攀登结束后，每个队有 10 分钟的时间对攀登过程中所发现的问题进行讨论、修正目标分及攀爬路线。
⑧保护者不得拉保护绳以帮助学员完成任务，攀登者在攀爬过程中不准用手抓胸前保护绳。

【计分方法】

①当实际得分与个人目标分数相等时，其成绩按实际得分计算。

②当实际得分与目标分数有差距（包括高于和低于）时，以 10 分为 1 档，差距 1 档，个人成绩按实际得分减去 5 分计算；差距 2 档，个人成绩按实际得分减去 10 分计算，以此类推。

③当本人不设定目标分数时，个人成绩按实际得分的 80% 计算。

④当本人攀爬到最高点敲响登顶铃铛时，个人成绩按最高点的分数加 10 分计算，不再参照计分方法①～③计分。

⑤团队总成绩的计算方式是所有队员的个人实际成绩相加，大部队总成绩即所有团队总成绩之和。

（2）回忆比赛过程，请思考以下问题。

①你对自己的表现满意吗？为什么？

②如果再攀登一次，你认为自己会超越刚才的成绩吗？

③实际得分与目标分数有差异要扣分，甚至超过了目标分也要扣分，这是为什么？

④你达到了目标，但团队没有达到目标，你认为这算是成功吗？什么样的成功才算是真正的成功？

研学活动评价

自评

自评内容	评价
我能熟练且正确地装配好攀岩装备并掌握基本攀爬技巧与动作	A B C D E
我高度关注攀岩的安保工作	A B C D E
我积极与队友交流合作，共同确定并完成目标	A B C D E
我能从攀岩活动中领悟攀登的意义	A B C D E

总结

在这次活动中，让我印象最深刻的极限攀登队是 ________________，理由是：________________________________

通过本次的攀岩课，我会在今后努力了解 / 学习 / 锻炼：________________

____

____

____

生命无价

——探究生命的起源与发展

学校	班级	姓名	活动时间	地点

一、组建团队

6 人一组，男女搭配、自由组成“生命科学研究所”。小组讨论确定研究所的名称和口号；同时，各成员根据自己的特点竞选下列职位，并对职业内容进行补充。

生命科学研究所手册

名称：________________

口号：________________

出行策划员

姓名：________

职责：在出行前根据需求提供策划方案，________

____

____

观察记录员

姓名：________

职责：观察记录并分析探究结果，________

____

____

出行调研员

姓名：________

职责：在出行前做好信息收集等调研工作，________

____

____

姓名：______

职责：在探究过程中分析数据，探究因果；______

______

______

数据分析师

人类学研究者

姓名：______

职责：探究人类在迁移过程中在文化、语言等方面的变化历程，______

______

姓名：______

职责：探究中国人口迁移背后的历史，______

______

______

历史学研究员

二、知识加油站

不同细胞的内部结构是不同的，最典型的就是植物细胞和动物细胞。团队合作，观察对比两种细胞的结构并完成以下表格。

细胞类型	植物细胞	动物细胞（人体口腔上皮细胞）
画出结构图并标出细胞结构及细胞器		
两者共有的细胞器		

三、研学活动

（一）生命的起源：我的出生档案

每个孩子出生前都在妈妈的身体里经历了很长的一段时间，克服了很多困难。团队合作，补充下面的档案记录册，让大家知道“我是怎么来的”。

要求：①简洁清晰；②图文并茂；③科学性强。

我的出生档案

制作日期：

两个重要的细胞

我的出生和这两个生殖细胞有很大关系，它们的样子是这样的：

这是______　　　　这是______

受精

到了特别的时候，来自父亲体内的______和来自母亲体内的______结合在一起，成了______，这就是最初的我。

第一个挑战

在进入我的最初的“家”——子宫的过程中，我慢慢分裂成胚泡。这时，我迎来了第一个大挑战，是要成功__________。不然就会出现非常危险的宫外孕，会发生严重的后果：______

______

第二个挑战

经历了第一个挑战后，我进入子宫内膜生存，这时的我已经是一个小小的生命了，我有了“人形”的时间是__________。在妈妈身体里，我第 3 个月的长度大约是______厘米。

在妈妈身体里的前三个月，我遇到了第二个挑战，如果发生染色体异常或者妈妈酒精慢性中毒，就会发生__________，我的生命就会结束。

我的生活

在妈妈的身体里，我生活在______中，我通过______从母体获得所需要的营养物质和氧气。在子宫里，大致是这样的：→

婴儿在子宫中的示意图

第三个挑战

在母亲身体中发育满______后，我将从妈妈的______出来。母亲分娩的疼痛程度是______级。这时的我也面临着第三个挑战，如果妈妈在分娩时没有及时到医院，就会______；如果妈妈的产道出现问题，就会发生______。

应对了很多挑战和克服困难后，我终于来到了这个世界！

（二）生命的韧性：人口迁移

（1）根据下列表格内容绘制历史上中国人口数量变化图。

时间	人口数量	时间	人口数量
东汉初（公元 57 年）	约 2100 万	北宋末（公元 1110 年）	约 4600 万
东汉末（公元 157 年）	约 5600 万	南宋中后期（公元 1223 年）	约 7681 万人
三国时期（魏）（公元 229 年）	约 767 万	元初后期（公元 1291 年）	约 6000 万
西晋初（公元 280 年）	约 1600 万	明初（公元 1370 年）	约 5000 万
南北朝（公元 420—589 年）	1100 万～2000 万	明后期（公元 1600 年）	6000 万～8000 万
隋中期（公元 609 年）	约 4600 万	清初（公元 1652 年）	约 5500 万
盛唐（公元 755 年）	约 5200 万	清中期（公元 1742 年）	约 1.4 亿

历史上中国人口数量变化图

（2）根据展板上“中国六次人口迁移”的信息，分析在古代影响中国人口数量变化的主要因素，并写出你的理由。

影响因素	理　由
战争	战争对人口最明显的影响是造成人员的死亡或残疾，兵荒马乱，横尸遍野

（三）珠玑巷的寻根之旅计划

珠玑巷，位于广东省粤北地区的南雄市。从秦代开始至 20 世纪初粤汉铁路开通之前的 1000 多年里，珠玑巷一直是岭南与中原地区联系的最主要通道，也是梅关古道一段的节点。大量中原移民经过这条驿道进入岭南地区，并在相当长一段时期内在珠玑巷聚族而居，然后再向珠江三角洲、港澳、海外等地区继续迁移。从这里走出去的广府人在千年的实践中创造了以粤语、粤剧、粤绣、岭南画派等为代表的广府文化，极具地域特色，堪称经典。在广东南雄，不仅有珠玑古巷，而且还留存着驷马桥、贵妃石塔、古道、诸姓古祠和南、中、北门楼等古迹以及重建的张昌故居、沙水湖、碑刻群、胡妃塑像等。这些珠玑巷的实质性纪念物和遗迹，成为散居于各地的移民回乡寻根的重要对象，南雄珠玑巷作为祖源地的集体记忆被一再强调。

“大部分广府人都是珠玑巷移民的后人”，请前往珠玑巷调查该说法的真实性。在出发之前先了解展板上关于珠玑巷的相关资料，并和队友一起设计珠玑巷寻根之旅计划，实地了解先辈们移民落地、生根耕耘的经历。

珠玑巷寻根之旅计划

主题			
目的和意义			
时间		交通方式	
行程安排			

行程内容介绍

参与人员及分工

组织保障

你认为一份优秀的出游计划应该达到哪些标准？请补充评价维度，并对主动上台分享的前四个团队进行评分（分数从低到高用 1 ～ 5 表示）。

评价维度	团队 1	团队 2	团队 3	团队 4
安全性	1　2　3　4　5	1　2　3　4　5	1　2　3　4　5	1　2　3　4　5
可操作性	1　2　3　4　5	1　2　3　4　5	1　2　3　4　5	1　2　3　4　5
内容丰富性	1　2　3　4　5	1　2　3　4　5	1　2　3　4　5	1　2　3　4　5
	1　2　3　4　5	1　2　3　4　5	1　2　3　4　5	1　2　3　4　5
	1　2　3　4　5	1　2　3　4　5	1　2　3　4　5	1　2　3　4　5
总分				

（四）生命的乐章：我的美好经历

生命中有许多美好的瞬间，请你回忆过往的美好经历并记录下来，与同学们分享。

经历	难忘的瞬间
第一次说话	
第一次过生日	
第一次________	
第一次________	

研学活动评价

自评

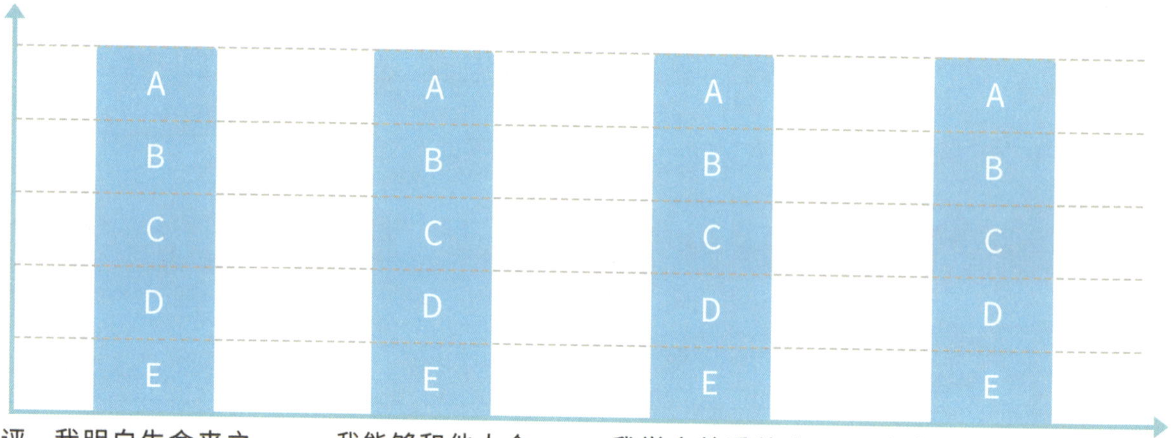

自评内容：

- 我明白生命来之不易，体会到生命的奥秘
- 我能够和他人合作，并能客观地指出别人的问题
- 我学会尊重他人以及发现生活的美好
- 我肯定自己在世界上的意义与使命，能够更加珍惜生命

总结

在这次活动中，我认为最佳的寻根之旅计划是________________研究所设计的________________。理由是：____

____

我认为我们研究所的出游方案还可以从这些方面改进：________________

____

我是营养师

——从小培养科学的营养意识

学校	班级	姓名	活动时间	地点

一、组建团队

（1）这节课我们将组建团队一起探索健康营养饮食的方式。每个团队由 5~6 名同学组成，男女搭配，民主选举队长，并进行人员分工。

队长

姓名：________

职责：负责团队内的统筹安排，________

____

健康营养师

姓名：

____

职责：

了解营养的有关知识，制定健康饮食食谱，________

____

____

____

____

产品设计师

姓名：

____

职责：

设计食品成分检测产品，

____

____

____

____

____

数据分析师

姓名：

____

职责：

分析与健康相关的指标数据，________

____

____

____

____

____

?

姓名：

____

职责：

____

____

____

____

____

____

____

?

姓名：

____

职责：

____

____

____

____

____

____

____

（2）为团队设计响亮的队名及口号。

我们的队名是：________________

我们的口号是：________________

二、知识加油站：小小营养家

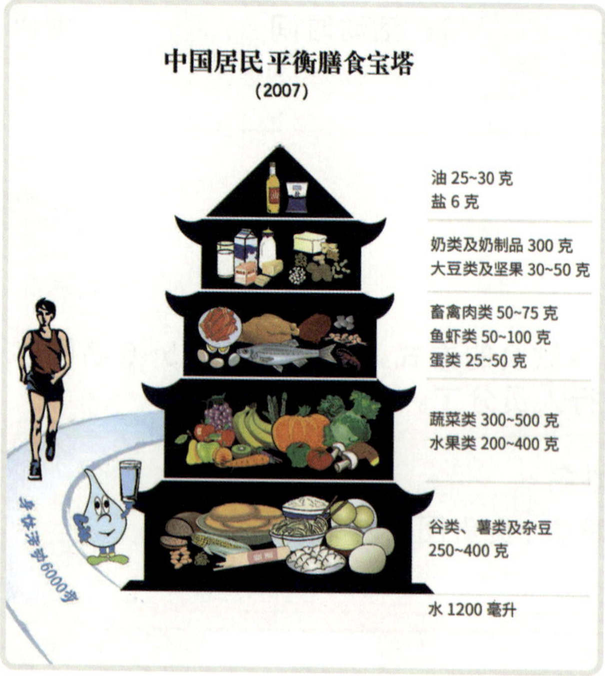

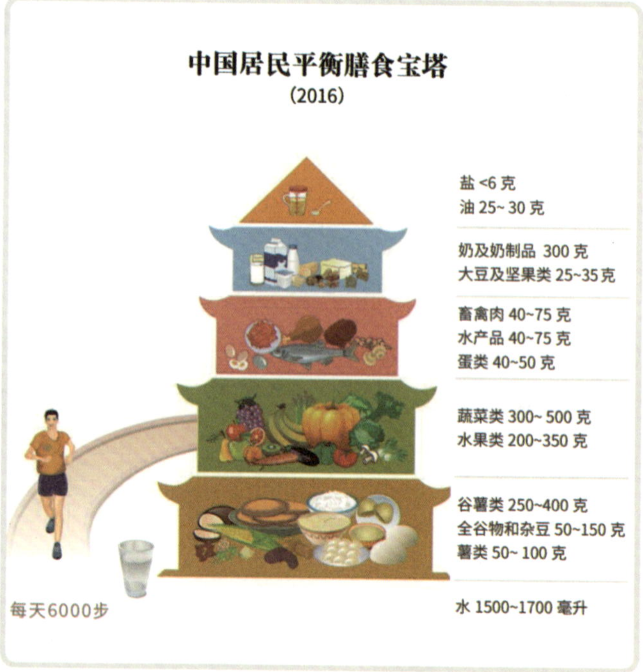

这两张图分别是中国营养学会在 2007 年和 2016 年发布的中国居民平衡膳食宝塔图。平衡膳食宝塔共分五层，包含我们每天应吃的主要食物种类。宝塔各层位置和面积不同，这在一定程度上反映出各类食物在膳食中的地位和应占的比重。

对比这两张图，找出每天饮食需求的变化，并思考变化的原因。

____

____

____

三、研学活动

（一）向肥胖说“不”

算一算，看看你是否超重

儿童标准体重：(年龄×2)+ 8 = 标准体重(kg)。当体重超过标准体重的10%时，称为超重；超过标准体重的 20% 时，称为轻度肥胖；超过标准体重的 30% 时，称为中度肥胖；超过标准体重的 50% 时，称为重度肥胖。

1985—2014 年 7 ～ 18 岁城市学生超重肥胖率统计表

	性别	1985 年	1995 年	2000 年	2014 年
超重率	男生	1.1%	6.4%	10.7%	17.1%
	女生	1.4%	4.2%	6.3%	10.6%
肥胖率	男生	0.2%	2.2%	5.0%	11.1%
	女生	0.2%	1.4%	2.8%	5.8%

大量研究表明，肥胖与糖尿病、高血压、高脂血症、高尿酸血症等疾病有很大关系。2002 年全国 7 ～ 17 岁儿童与青少年糖尿病患病率为 0. 24%，2012 年已增加到 0.52%，2018 年 0 ～ 14 岁儿童与青少年糖尿病患病率甚至高于全人群的发病率。

（1）分析以上数据，总结超重率和肥胖率的变化趋势。

____

（2）你认为儿童与青少年超重率和肥胖率增长的原因是什么？

社会方面

____
____
____

个人方面

____
____
____

（3）健康饮食小约定。

我们是______________

我们全体队员一起约定：

①我们________油炸食品，碳酸饮料，高糖、高钠食品等。

②我们每天坚持体育锻炼 1.5 小时以上。

③我们要和家里人一起分享营养知识，学以致用。

④______________________________

⑤______________________________

⑥______________________________

⑦______________________________

⑧______________________________

签名：

日期：

（二）健康产品设计师

现如今，人们对健康饮食的重视程度在不断提升，对糖类、蛋白质、维生素等营养物质摄入量超标或者不足问题的关注程度也越来越高。结合展板上的资料，开动脑筋，设计一款能够提醒消费者摄入量超标或者不足的产品。

______________（产品名称）

使用的方式：____________________

____

产品描述：____________________

____

产品功能示意图

你认为一个优秀的产品应该达到哪些标准？请补充评价维度，并给主动上台分享产品设计方案的前四个团队进行评分（分数从低到高用 1 ～ 5 表示）。

评价维度	团队 1	团队 2	团队 3	团队 4
安全性	1 2 3 4 5	1 2 3 4 5	1 2 3 4 5	1 2 3 4 5
功能性	1 2 3 4 5	1 2 3 4 5	1 2 3 4 5	1 2 3 4 5
美观度	1 2 3 4 5	1 2 3 4 5	1 2 3 4 5	1 2 3 4 5
创意性	1 2 3 4 5	1 2 3 4 5	1 2 3 4 5	1 2 3 4 5
	1 2 3 4 5	1 2 3 4 5	1 2 3 4 5	1 2 3 4 5
	1 2 3 4 5	1 2 3 4 5	1 2 3 4 5	1 2 3 4 5
总分				

（三）争当营养师

根据每日所需能量以及平衡膳食宝塔，参照展板上的相关资料，为糖尿病病人制定一份一日健康饮食食谱。每两个团队上台 PK，班级评审团选出最佳食谱。

温馨提示：建议每天至少摄入 12 种食物，每周 25 种以上。早餐提供的能量应占全天总能量的 25% ～ 30%，午餐应占 30% ～ 40%，晚餐应占 30% ～ 40%。

________________（营养食谱的名称）

	种类	总计
早餐		能量：____千卡 肉类：____克 蔬菜：____克 水果：____克 其他：______
午餐		能量：____千卡 肉类：____克 蔬菜：____克 水果：____克 其他：______
晚餐		能量：____千卡 肉类：____克 蔬菜：____克 水果：____克 其他：______
小食		能量：____千卡 肉类：____克 蔬菜：____克 水果：____克 其他：______
食谱简介	（介绍食谱的设计优点等）	

你认为健康的饮食计划应该达到哪些标准？请补充评价维度，并给主动上台分享饮食计划的前四个团队进行评分（分数从低到高用 1～5 表示）。

评价维度	团队 1	团队 2	团队 3	团队 4
能量达标	1 2 3 4 5	1 2 3 4 5	1 2 3 4 5	1 2 3 4 5
营养均衡	1 2 3 4 5	1 2 3 4 5	1 2 3 4 5	1 2 3 4 5
风味十足	1 2 3 4 5	1 2 3 4 5	1 2 3 4 5	1 2 3 4 5
价格适中	1 2 3 4 5	1 2 3 4 5	1 2 3 4 5	1 2 3 4 5
	1 2 3 4 5	1 2 3 4 5	1 2 3 4 5	1 2 3 4 5
	1 2 3 4 5	1 2 3 4 5	1 2 3 4 5	1 2 3 4 5
总分				

研学活动评价

自评

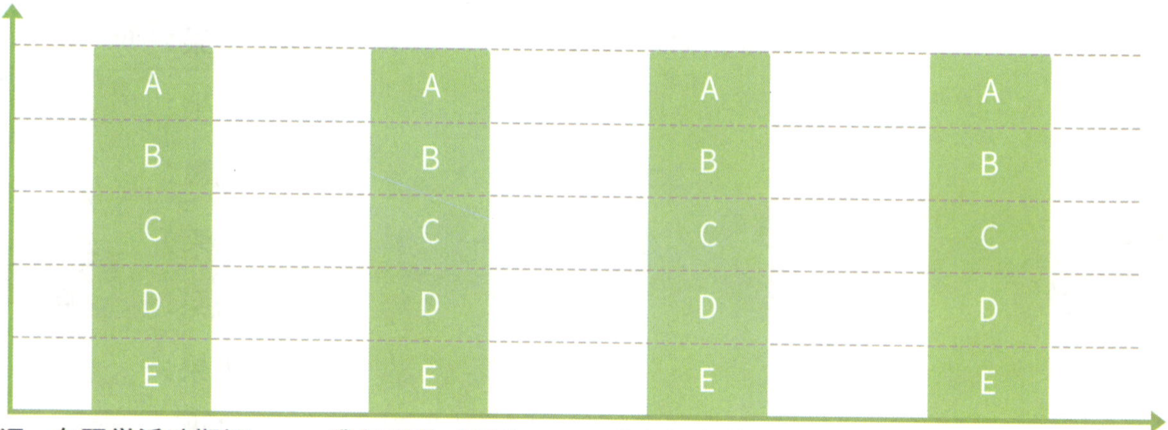

自评内容：在研学活动期间，我积极完成我的工作任务；我与团队成员的沟通协作很融洽；我会努力养成科学的饮食习惯；我会想办法守护家人的饮食健康

总结

在这次活动中，我认为最佳饮食方案设计团队是____________________。

理由是：____

我认为我们团队的饮食方案还可以从这些方面改进：____________________

身体的秘密

——学会自我保护，为青春保驾护航

学校	班级	姓名	活动时间	地点

一、组建团队

这节课，我们将一起探索青春期身体的秘密。5～6 名同学自由搭配，成立"青春期护卫队"。结合团队的特点确定团队名称和口号，根据自己的兴趣特长竞选下列职位，并对自己能做的工作内容作补充，写下自己的工作宣言！

青春期护卫队手册

名称：____

口号：____

青少年心理咨询师

姓名：____________

职责：帮助同学解决心理问题，____________________

____

____

青春期生理医师

姓名：____________

职责：了解青春期规律，能根据不同情况给出不同护理建议；____________________

____

自卫技巧教导专员

姓名：____________

职责：传授防骚扰等小技巧，____________________

____

____

自我保护宣传专员

姓名：__________

职责：宣传自我保护的方式方法，记录活动的过程；____________________

____

自我保护策划专员

姓名：__________

职责：为同学制定自我保护方案，避免青春期受到伤害；____________________

____

____

姓名：__________

职责：______________________________

____

____

二、知识加油站：青春期的“礼物”

青春期的生理迅速变化是由激素分泌量的快速增加所造成的。请根据展板的信息，填写下面的“青春期生理变化手册”。

青春期生理变化手册

项目		表现	
		男	女
生理特征	身高		
	肺功能		
	性器官		
	第二性征		
	成熟标志		

发育原因	男生第二性征发育的原因： ______ ______ ______	女生第二性征发育的原因： ______ ______ ______
护理方式	①遗精护理： ______ ______ ______ ______ ②情绪管理： ______ ______ ______	①乳房护理： ______ ______ ______ ______ ②月经护理： ______ ______ ______

三、研学活动

（一）青春漂流瓶

进入青春期，你有没有不好意思说的小秘密或者令你烦恼的青春期困惑呢？采用匿名的形式，把自己的小烦恼或者小秘密写在纸条上，放入漂流瓶中，由老师选取小纸条的困惑，大家群策群力，为同学破解烦恼。

青春漂流瓶

（1）这位同学的烦恼是：

______

______

______

（2）我______（有 / 没有）这样的困惑。经过讨论，我们团队提出的解决方法是：______

______

______

______

（二）圆桌讨论：情感那点事儿

与异性相处，有助于我们了解异性的思维方式和情感特征。与异性成为好朋友，不仅仅是性别的吸引，也可能是被对方身上的优秀品质所吸引。进入青春期，大家都会或多或少地对异性产生别样的情愫，而正确处理好这个阶段的情感能让我们减少很多烦恼，更好地健康成长。请在团队内展开讨论，并填写下面内容。

情感那点事儿

为什么会有喜欢上别人的情感？如果你或者身边的同学有了喜欢的人，你是如何看待这件事？

我认为会喜欢别人是因为______________________________

________。如果我或我身边的同学有了喜欢的人，我的态度是________，

我认为有利的方面是：______________________________

____

____；

我认为不利的方面是：______________________________

____

____。

（三）安全护卫我能行：应对性骚扰和性侵害

案　例

小梅是一个初中三年级的学生，是一个很清秀的女孩。她性格比较温和，受欺负时很少反驳，只会忍着。有一天放学时，突然下起了大雨，刚好舅舅来接她放学回家。然而，到家后，舅舅趁着拿毛巾给她时借机摸她的胸、腰和后背，还试图脱下她的裤子。小梅非常慌乱，她不明白舅舅为什么突然这么做，她也不知道要怎么处理。在此之后，舅舅三番五次找借口骚扰小梅，并警告她不准和她父母说这件事。小梅十分害怕，晚上总是做噩梦，上课的状态也越来越差，但是她又不知道怎么和父母说。

（❗别以为性骚扰和性侵害仅是女生的危机，现实生活中，男生也会受到性骚扰和性侵害，每一个人都要学会科学地保护好自己。）

团队合作，结合展板的相关知识，以“小梅该怎么保护自己”为主题，设计一份自卫方案书——“大声说不”方案书。

“大声说不”方案书

（1）小梅不知道怎么和父母说出被骚扰的原因是什么？

（2）小梅可以采取什么方法保护自己？

（3）为了避免类似的事情发生，谈谈预防性骚扰和性侵害的自我保护措施。

社会角度：

家庭角度：

自身角度：

（四）我闪亮我青春：主题宣传方案设计

以“保持青春期的身心健康，规避与应对被侵害的风险”为主题设计面向青少年的宣传活动方案。

要求：①对象明确；②主题突出；③活动内容积极向上。

闪亮青春宣传活动方案

宣传对象	□在校生 □留守儿童 □社区青少年 □＿＿＿＿
活动时间和地点	
活动目的	
活动形式	

活动流程

方案探讨

↓

物料准备

←

人员邀请

活动组织与执行

活动总结

成果提炼

活动保障措施

你认为一份优秀的主题活动方案应该达到哪些标准？请补充评价维度，并对主动上台分享的前四个团队进行评分（分数从低到高用 1～5 表示）。

评价指标	团队 1	团队 2	团队 3	团队 4
可行性	1 2 3 4 5	1 2 3 4 5	1 2 3 4 5	1 2 3 4 5
科学性	1 2 3 4 5	1 2 3 4 5	1 2 3 4 5	1 2 3 4 5
创新性	1 2 3 4 5	1 2 3 4 5	1 2 3 4 5	1 2 3 4 5
	1 2 3 4 5	1 2 3 4 5	1 2 3 4 5	1 2 3 4 5
	1 2 3 4 5	1 2 3 4 5	1 2 3 4 5	1 2 3 4 5
总分				

研学活动评价

自评

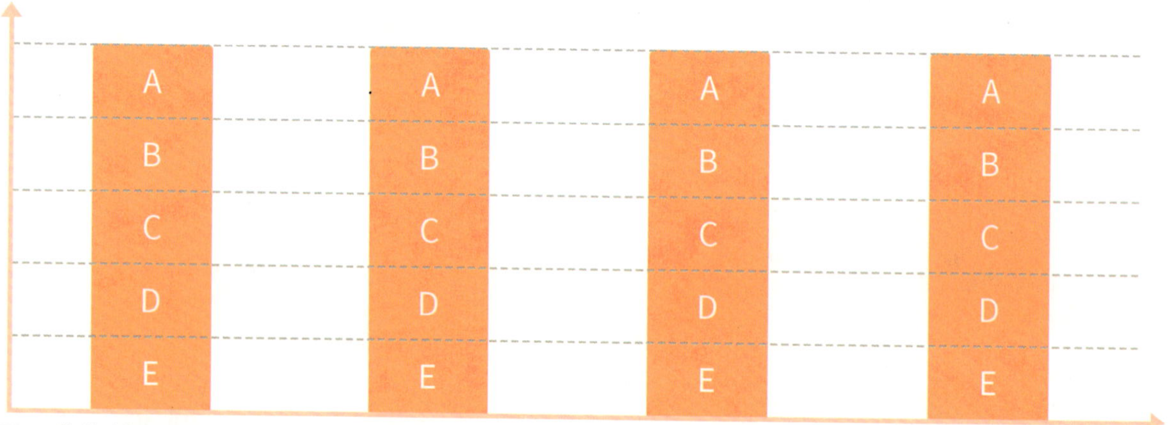

自评内容：

- 我能够在合作探究过程中学习健康生活的方式
- 我会理性应对青春期身体和心理发生的变化
- 我能够对团队成员提出的意见进行判断和提出改进意见
- 我能运用正确的方式保护自己，以免受到骚扰和侵害

总结

在这次活动中，我认为最佳宣传方案是____________队设计的。

理由是：____

____

我认为我们队的方案设计还可以进行这些方面的改进：____________

____

____

健康管理知多点

——形成个人健康管理意识

学校	班级	姓名	活动时间	地点

一、组建团队

（1）这节课我们将组建团队一起探索健康管理身体的方式。每个团队由 5 ～ 6 名同学组成，男女搭配。民主选出队长，并进行人员分工。

队长

姓名：__________

职责：负责团队内的统筹安排，____________________

健康研究员

姓名：__________

职责：

了解“三高”等患病率较高的慢性疾病，__________

健康管理师

姓名：__________

职责：

能根据病情初步诊断并制定有参考价值的干预方案，__________

健康宣传师

姓名：__________

职责：

针对特定群体以有效的方式传播健康生活的理念，__________

?

____

姓名：__________

职责：__________

?

____

姓名：__________

职责：__________

（2）为团队设计响亮的名称及口号。

我们团队的名称是：________________

我们团队的口号是：________________

二、知识加油站：了解“三高”

请仔细阅读展板上“三高”的相关信息，完成阅读记录表。

阅读记录表

	高血压	高血脂	高血糖
病因	①____ ②____ ③____ ④____ ⑤____	①长期食用富含脂肪或胆固醇的食物，或进食过多碳水化合物和蛋白质； ②缺少体力活动和体育锻炼	①____ ②____ ③____ ④____ ⑤____
可能引发的其他疾病	①____ ②____ ③____ ④____ ⑤____	①脑栓塞； ②冠心病； ③糖尿病； ④____ ⑤____	①____ ②____ ③____ ④____ ⑤____
饮食、运动等注意事项	①减少食盐摄入：每天小于 6 克； ②合理膳食：食用低盐、低脂、低糖、少油的食物以及富含维生素、膳食纤维、钙、钾的食物； ③____ ____ ____	①____ ②____ ③____ ④____ ⑤____	①____ ②____ ③____ ④____ ⑤____

三、研学活动

（一）“血管危机”体验活动

结合“血管危机”互动体验活动以及老师的讲解，了解“三高”的形成原因及其在血液、血管中体现出的症状等相关知识，完成观察记录表。

“血管危机”观察记录表

①描述不同类型的高血压患者的血管呈现的差异。

____

____

____

②根据教具，描述不同类型的高血糖患者的血液状况差异，并分析导致差异的原因。

____

____

____

③描述高血脂患者的血液与健康者的血液的差异，并分析这种差异与他们饮食习惯的关系。

____

____

____

④分析病人为什么常常会同时出现高血压、高血糖和高血脂等症状呢？

____

____

____

____

⑤（在此处记录下你的其他思考或发现）

____

____

____

____

（二）我是健康管理师

请结合本节课所学内容，为案例中的病人分析病情并制定有针对性的健康干预方案。

案 例

陶先生，男，45岁，汉族，身高175cm，体重98kg，血压145/88mmHg，饮食偏咸，有15年饮酒史，有25年烟龄，很少参加体育运动。父亲因冠心病去世；母亲健在，患高血压病。

（1）列出为病人做健康评估应当收集的主要信息。

____

____

（2）简要说明病人可能存在哪些疾病危险因素，判断其患病风险。

____

____

____

（3）以养成良好的饮食和行为习惯为出发点，为病人制定健康干预方案。

____

____

____

____

（4）现场评估：邀请一位嘉宾对你们的健康干预方案进行评估，并根据嘉宾意见思考对应的优化方案。

评价维度	评估得分（1～10分）	优化方案
可行性		
科学性		

（三）争当健康宣传能手

团队合作，结合互动体验教具以及展板上的资料，针对高血压或者高血糖患者群体，设计一幅提倡健康饮食的宣传海报。每两个队上台 PK，班级评审团选出最佳海报。

要求：①对象清楚；②结合资料，突出主题。

（备注：10 月 8 日是“全国高血压宣传日”；11 月 14 日是“世界糖尿病日”。）

海报设计的理念或思路：

你认为优秀的海报作品应该达到哪些标准？请补充评价维度，并对上台展示海报的团队进行评分（分数从低到高用 1 ～ 5 表示）。

评价维度	团队 1	团队 2	团队 3	团队 4
美观性	1 2 3 4 5	1 2 3 4 5	1 2 3 4 5	1 2 3 4 5
科学性	1 2 3 4 5	1 2 3 4 5	1 2 3 4 5	1 2 3 4 5
创新性	1 2 3 4 5	1 2 3 4 5	1 2 3 4 5	1 2 3 4 5
	1 2 3 4 5	1 2 3 4 5	1 2 3 4 5	1 2 3 4 5
	1 2 3 4 5	1 2 3 4 5	1 2 3 4 5	1 2 3 4 5
	1 2 3 4 5	1 2 3 4 5	1 2 3 4 5	1 2 3 4 5
总分				

研学活动评价

自评

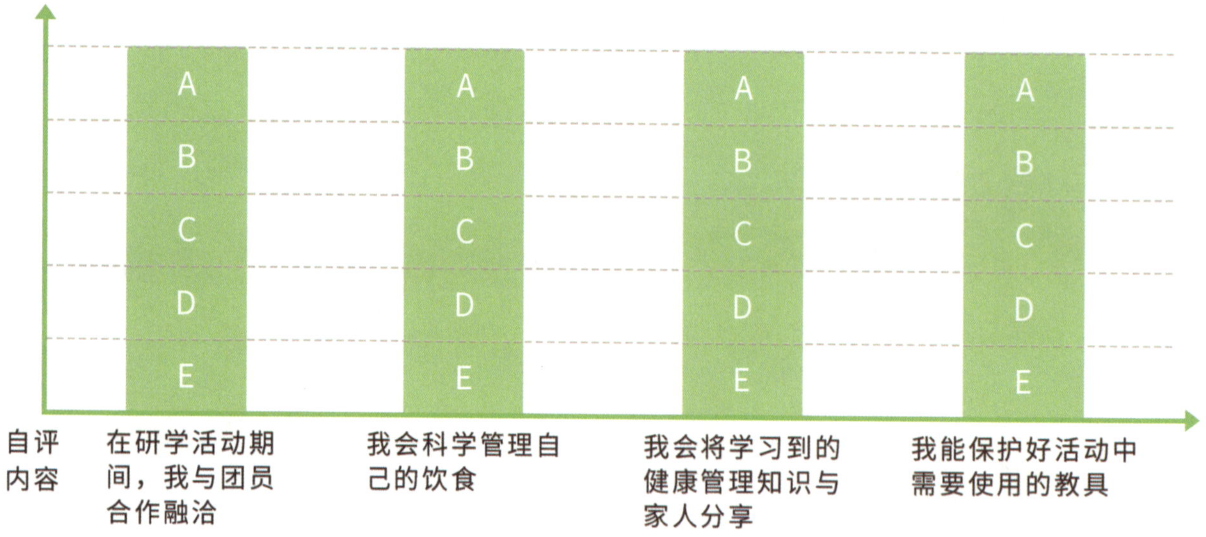

总结

在这次活动中，我认为最佳的海报作品是____________团队设计的方案。

理由是：____

我认为我们团队的海报作品还可以从这些方面改进：__________________

____.

____

寻找坚毅的自己

——体验团体积极心理工作坊

学校	班级	姓名	活动时间	地点

一、组建团队

（1）本次活动我们将组成“积极心理调适队”，学会战胜挫折，做坚毅的自己。每个团队由 5 ～ 6 名同学组成，男女搭配，民主选举总负责人，其余同学根据自己所长竞选角色。

总负责人

姓名：________

职责：领导团队、统筹规划、调动团队气氛、加强成员之间的联系。

音乐治疗师

姓名：________

职责：组织成员通过音乐解决心理问题，________________

沙盘治疗师

姓名：________

职责：引导团队利用沙盘游戏解决问题，________________

艺术治疗师

姓名：________

职责：营造浓厚的艺术氛围，改善成员心理状态，________________

心理咨询师

姓名：________

职责：通过倾听沟通的方法，解决心理问题，________________

____

姓名：________

职责：________________

（2）为团队设计一个独特的名称，并用一句古诗作为团队口号。

团队名称：________________

团队口号：________________

二、知识加油站

1. 成长进阶史——感受挫折

在研学活动开始之前，我们进行一个有趣的游戏——成长进阶史，感受挫折。游戏结束后，回答问题，记录你在游戏过程中的感受。

游戏背景

有一个国王想要找接班人，候选人只有经历过重重难关才能脱颖而出，每通过一关，候选人的级别就会提升一个等级，初始等级为候选人，最终等级为接班人。

游戏规则

①全体同学排成两列，面对面猜拳。每位同学的起始级别为候选人，每赢一局，则级别提高一级；一旦输了，级别则自动降为候选人，丧失游戏资格，并需回到座位等候。

②每轮猜拳后的赢家自动排成两列继续游戏，直到出现最终赢家，即为接班人，整场比赛结束。

（❗在游戏过程中，一定要遵守游戏规则，注意人身安全。）

游戏结束后，回答以下问题：

（1）你的阶位是________________

（2）你在游戏过程中的感受是什么？赢和输的感受分别是怎样的？

____

____

2. 名人堂——感悟挫折

阅读故事片段，试着把自己当成故事里的主角，思考下列问题。

片段一

在幼年时，她不幸患上了肺炎、猩红热和小儿麻痹症。11 岁之前，由于左腿萎缩不能正常走路，她穿着铁架矫正鞋才能勉强行走，医生说她再也不能正常走路了。

（1）如果你是她，当你遇到这些挫折时，会有怎样的感受？

片段二

她就是威尔玛！她笑对生命的残局，每天练习行走，到了 12 岁，她已经完全摆脱了铁鞋，可以自行走路。16 岁那年，她入选美国 1956 年墨尔本奥运会短跑代表队，第一次参加奥运会。她跑步时姿态轻盈美妙，步伐协调，被意大利人誉为“黑羚羊”。1983 年，她入选美国奥运名人堂。1993 年，她被授予美国体育奖。

（2）你觉得她是如何战胜挫折的？

（3）她在挑战挫折的过程中，一定会有伤心、难过或痛苦的时刻。如果你是她的朋友，你会怎样引导她？

三、研学活动

（一）坚毅指数表

（1）独立完成安杰拉·达克沃斯坚毅指数表，测测自己的坚毅指数。

说 明

①来源：该测量表由美国宾夕法尼亚大学心理学教授安杰拉·达克沃斯（Angela Duckworth）制定。

②内容说明：安杰拉认为坚毅有两个组成部分——激情和毅力。激情——为远大且明确的目标工作，不因追求新鲜事物而改变或放弃任务；毅力——笃定地向某个方向前行，面对障碍决不放弃。因此，本坚毅指数表将通过激情和毅力两个方面来反映坚毅指数。

③根据题项内容进行打分，答题无须过多考虑，以第一感觉为主。

④评价方式：激情得分为奇数题总分除以 5，毅力得分为偶数题总分除以 5。坚毅指数为两者之和。分数与坚毅程度呈一定的正相关关系。

安杰拉·达克沃斯坚毅指数表

年级		班级		姓名		性别		年龄	

题项	一点也不像我	不太像我	有点儿像我	很像我	特别像我	得分
新的想法和项目有时会将我从旧的想法和项目中抽离	5	4	3	2	1	
挫折不会让我气馁，我不会轻易放弃	1	2	3	4	5	
我经常设定一个目标，但后来又会选择另一个不同的目标	5	4	3	2	1	
我是一个努力工作的人	1	2	3	4	5	
需要花费几个月时间才能完成的项目会让我比较难以集中精力	5	4	3	2	1	
无论我开始做什么，我都会把它做完	1	2	3	4	5	
我的兴趣每年都在变化	5	4	3	2	1	
我很勤奋，而且从不放弃	1	2	3	4	5	
我曾在短时间内迷上了一个想法或项目，但后来又失去了兴趣	5	4	3	2	1	
我曾克服了种种挫折，征服了一个重要的挑战	1	2	3	4	5	

结果统计					
【激情】得分		【毅力】得分		坚毅指数	

（2）你觉得这个指数表测出来的结果和你的实际感受一致吗？请写下你的看法并与队员交流。

____

____

（二）快乐驿站——唱响青春之歌

在成长过程中，我们都曾经历过热血、奋斗、迷茫和激情的瞬间，尝过酸甜苦辣。想一想有没有哪段时光让你感到难以忘怀，并把自己最难忘的心路历程写在信纸上。

我最难忘的时光

（1）难忘的时光是：

□ 快乐的　□ 痛苦的　□ 忧愁的　□ ________

（2）为什么这段时光是最难忘的？

____

____

（3）你现在的心情是：

☐ 欣喜的　☐ 悲伤的　☐ 惆怅的　☐ ________

（4）当你回忆完那段时光，你的成长是：________________

____

____

（三）棉花糖挑战——寻找坚毅的自己

每个人生活中都会面对很多问题，但其实每一个问题都会有对应的解决办法。我们在找寻解决方法的过程中不断进步，塑造自我顽强的意志力。接下来，我们将通过一个小游戏来检测自己的意志力。请每队同学利用 20 根意大利面，将一颗棉花糖支撑起来。在活动结束后填写挑战任务书。

活动要求

①限时 30 分钟（活动开始前，组内需完成成员之间的分工）；

②分好工后，阅览任务书，设定目标；

③任务结束后，需进行活动反思；

④活动提供透明胶、剪刀、双面胶、细绳等工具。

棉花糖挑战任务书

活动结果记录

（1）挑战目标高度：________

（2）本组棉花糖高度：________　本活动中棉花糖最高记录：________

（3）请将团队全体成员与本队成果的合照贴在下面的方框内。

活动反思

（1）是否达到目标？

☐ 是　☐ 否

（2）活动过程中大约失败________次。

（3）活动过程中是否想要放弃？

☐ 是　　☐ 否

（4）你坚持下来的原因是什么？

____

____

（5）经验总结：____

____

研学活动评价

自评

	A	A	A	A
	B	B	B	B
	C	C	C	C
	D	D	D	D
	E	E	E	E
自评内容	我明白挫折是人生必不可少的，会选择合适的方法战胜它	我和队友一起努力，能在小伙伴遇到困难时伸出援手	我能够清晰地表达出自己的观点、进行案例分析且乐于分享我的经历，积极融入团队的学习活动中	我充分调动了自己的知识储备，在活动中提出创新、有效的观点，并被采纳

总结

在本次课程学习中，我印象最深刻的活动是：

☐ 坚毅指数表　☐ 快乐驿站　☐ 棉花糖挑战　☐ ________

这个活动给我带来了____

当我遇到挫折时，我会____

____

无毒人生

——远离毒品能力训练

学校	班级	姓名	活动时间	地点

一、组建团队

（1）本节课我们将组建“禁毒推广项目组”，一起深入认识毒品及易成瘾药品的组成成分、种类及其危害，共同完成复杂场景中的任务，提高自我保护能力。每组5～6人，男女搭配，民主选出组长，并进行人员分工。

组长

姓名：________

职责：负责小组内的统筹安排，________

____

药品鉴定员

姓名：

____

职责：

鉴定药品的类别、药性，

____

____

剧本创作者

姓名：

____

职责：

负责剧本设计，________

____

____

剧场导演

姓名：

____

职责：

组织情景剧场的人员分工，________

____

产品设计师

姓名：

____

职责：

负责组织设计禁毒教育宣传品，________

____

____

姓名：

____

职责：

____

____

____

____

（2）为小组设计有个性的组名、口号及标志。

我们的组名是：________

我们的口号是：________________________________

我们的标志

二、知识加油站

从毒品流行的时间顺序上看，可分为传统毒品、合成毒品和新精神活性物质。传统毒品一般指鸦片、海洛因等阿片类毒品，流行较早。合成毒品是相对传统毒品而言的，主要指冰毒、摇头丸等人工化学合成的致幻剂、兴奋剂类毒品，主要从 20 世纪末、21 世纪初开始在我国的歌舞娱乐场所中流行。新精神活性物质是指未被国际公约管制但存在滥用并可能对公众带来威胁的物质，主要有合成大麻素类、合成卡西酮类等。

传统毒品

合成毒品

新精神活性物质

（1）你对哪些毒品有所了解呢？请大致说说它们的名称，并结合展板的内容，总结出这三类毒品的危害的相同点与不同点。

我了解的毒品	
相同点	①容易使人上瘾；
不同点	

（2）香烟属于毒品吗？比较香烟和毒品，两者有哪些异同点呢？

三、研学活动

（一）毒品不能试

（1）毒品成瘾，往往是生理因素、心理因素与社会因素相互作用的结果。根据相关资料，思考以下问题。

①你认为造成青少年吸毒成瘾的心理因素和社会因素有哪些？

②针对以上因素，请提出五个让青少年免堕毒网的建议。

（2）无毒人生宣誓。

我们是________________

我们全体组员一起承诺：

①珍爱生命，远离毒品。

②自觉抵御毒品的诱惑。

③积极参与禁毒宣传。

④主动为建设安全健康、无毒和谐的校园、家庭和社会努力。

⑤________________

⑥________________

宣誓人：

时 间：

（二）情景小剧场

软性毒品在很多情况下是通过社交活动进行传播的，青少年沾染毒品大多是交友不慎所致，在一些昏暗、喧杂、有酒精的环境中，被“损友”威逼利诱等，失去定力而坠入吸毒的深渊。

（1）以小组为单位选择下列其中一个场景，想出对策，并根据场景描述分配角色任务，设计 5 ～ 10 分钟的情景剧剧本，进行展演。

（❗剧本内容包括发生的时间、地点、人物、情节、肢体语言、旁白、独白、背景布置、舞台指示等；角色任务包括编剧、导演、演员等，由小组成员自行讨论决定。）

□

场景一

今年 15 岁的小 A 认识了社会人员小 B，两个人建立了深厚的友谊。小 B 快过生日了，邀请小 A 来参加生日会。在一家 KTV 里，小 A 看到小 B 在飘飘然地喝着一杯饮料，觉得很好奇。小 B 见状，在桌上拿了另外一杯给小 A，说：“这是开心水，喝了会很开心的。”小 A 不敢喝，小 B 继续说道：“开心水只是普通饮料，不是毒品，不会有问题的。”小 A 有点动摇了。

假如你是小 A，你会怎么办？

□

场景二

小静一向成绩优秀，一次期中测试考差了，她不堪忍受父母对她的打骂，去找好朋友小丽倾诉。小丽带她去饭店请她吃饭，并耐心地安慰她，此时的小静觉得自己身边只有小丽关心她。这时小丽拿出一颗“糖”，跟小静说，吃了这颗“糖”就会忘记伤痛，轻松快乐，像神仙一样什么也不用愁。小静拒绝了，小丽不开心，还说小静不信任她这个朋友。

假如你是小静，你会怎么办？

□

场景三

在一所重点中学读书的小明上课注意力不集中，学习成绩下降。母亲发现后，十分着急，听说邻居家的小孩吃了“聪明药”以后成绩明显提升，便找来了“聪明药”想让儿子服用，并跟他说吃了这个每次考试都能得第一。小明有些心动。

假如你是小明，你会怎么办？

场景（______）剧本

情景剧名称	
人物及人物关系介绍	
环境	
人物神态、动作及对话、旁白	

人物神态、动作及对话、旁白	

（2）三个情景剧展演后，请各小组讨论交流针对当前场景的应对方法与措施，并记录下来。

①上述场景中不明真相的青少年被诱导的方式有哪些？他们利用了青少年哪些心理弱点？

②如果你在现场，你会怎么保护自己和朋友免受毒品的危害呢？

（3）在这次情景剧活动中，我们认为最佳自我保护奖属于＿＿＿＿＿＿组。

理由是：

（三）争做社区禁毒宣传大使

毒品预防教育工作是禁毒整体工作的“前沿阵地”，而教育宣传品就是阵地上的重要“武器”之一。在各地的毒品预防教育实践中，教育宣传品起到了传播常识、引导舆论、指引方向等重要作用。

为了扩大禁毒宣传的影响力，我们将通过设计禁毒教育宣传品的方式，为毒品预防教育工作贡献自己的一份力量。

（1）在制作宣传品之前，我们需要先构思完成宣传品设计方案。请结合提示，小组合作完成产品设计。

“________（宣传品名称）”设计方案

宣传品类型

________（海报、小册子、手提袋等）

选择该类型的原因

____

____

____

设计图

作品的优势及亮点

____

____

____

（2）现举办禁毒宣传品投标会，请全体同学补充评价维度，小组派出代表在规定时间内完成“竞标陈述”（方案展示），其他小组进行评选，最后确定中标小组（分数从低到高用 1 ～ 5 表示）。

评价维度	组别 1	组别 2	组别 3	组别 4
紧扣禁毒主题	1 2 3 4 5	1 2 3 4 5	1 2 3 4 5	1 2 3 4 5
设计创新多样	1 2 3 4 5	1 2 3 4 5	1 2 3 4 5	1 2 3 4 5
教育意义深远	1 2 3 4 5	1 2 3 4 5	1 2 3 4 5	1 2 3 4 5
语言流畅生动	1 2 3 4 5	1 2 3 4 5	1 2 3 4 5	1 2 3 4 5
	1 2 3 4 5	1 2 3 4 5	1 2 3 4 5	1 2 3 4 5
	1 2 3 4 5	1 2 3 4 5	1 2 3 4 5	1 2 3 4 5
总分				
中标小组				

研学活动评价

自评

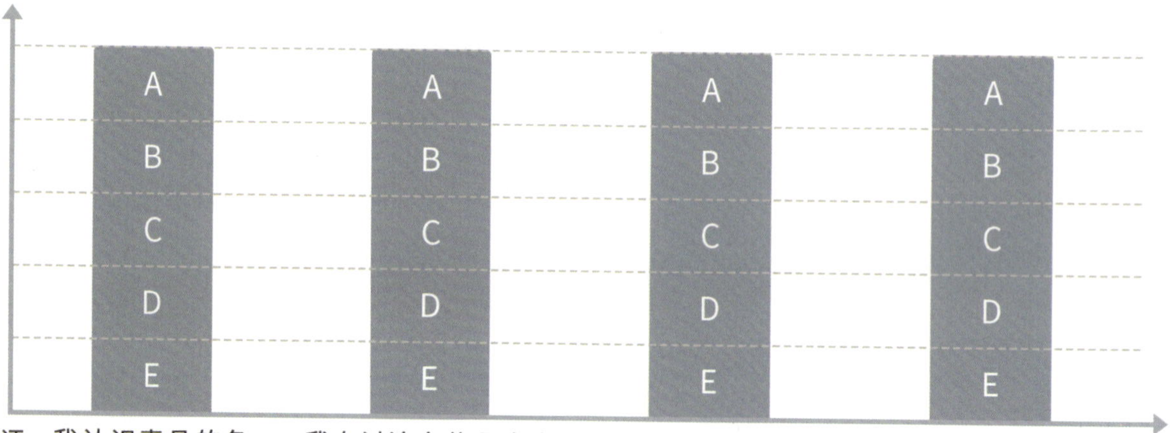

自评内容

自评内容				
	我认识毒品的危害并懂得保持警觉和心理防御	我在讨论宣传品方案的过程中提出有价值、具有开创性的想法并和同学不断改进	我积极倾听理解，与小组成员主动交流合作，共同完成目标	我会主动提升自我禁毒宣传意识，珍爱生命，谨慎交友

总结

在这次活动中，我认为最佳宣传品设计方案是__________组设计的__________方案。理由是：____________________

____

我认为我们组的宣传品设计方案还可以从这些方面改进：__________

____

关爱残障人士

——轮椅体验，爱心赋能

学校	班级	姓名	活动时间	地点

一、组建团队

（1）本次活动我们将组建“残障人士关爱团队”，深入了解行动不便者使用轮椅的真实感受。每个团队 5～6 人，男女搭配，民主选出队长，并进行人员分工。

队长

姓名：__________

职责：负责团队内的统筹安排，听取大家的意见，组织大家一起活动。

特殊护理员

姓名：__________

职责：负责残障人士的基础护理工作，__________

轮椅操作员

姓名：__________

职责：协助残障人士操作轮椅，__________

环境设计师

姓名：__________

职责：负责设计环境建设方案，__________

方案分析员

姓名：__________

职责：负责分析环境建设方案，__________

?

____

姓名：__________

职责：__________

（2）为团队设计专属队名、口号及队徽。

我们的队名是：____________________

我们的口号是：____________________

我们的队徽

二、知识加油站

轮椅的种类很多，如普通轮椅、折叠式轮椅、电动轮椅等。普通轮椅的基本结构包括后手推、后靠背、扶手、坐垫、手扶圈、前后车轮、刹车装置、脚踏板等。

（1）以下是普通轮椅的结构图，请补充相应的轮椅结构名称。

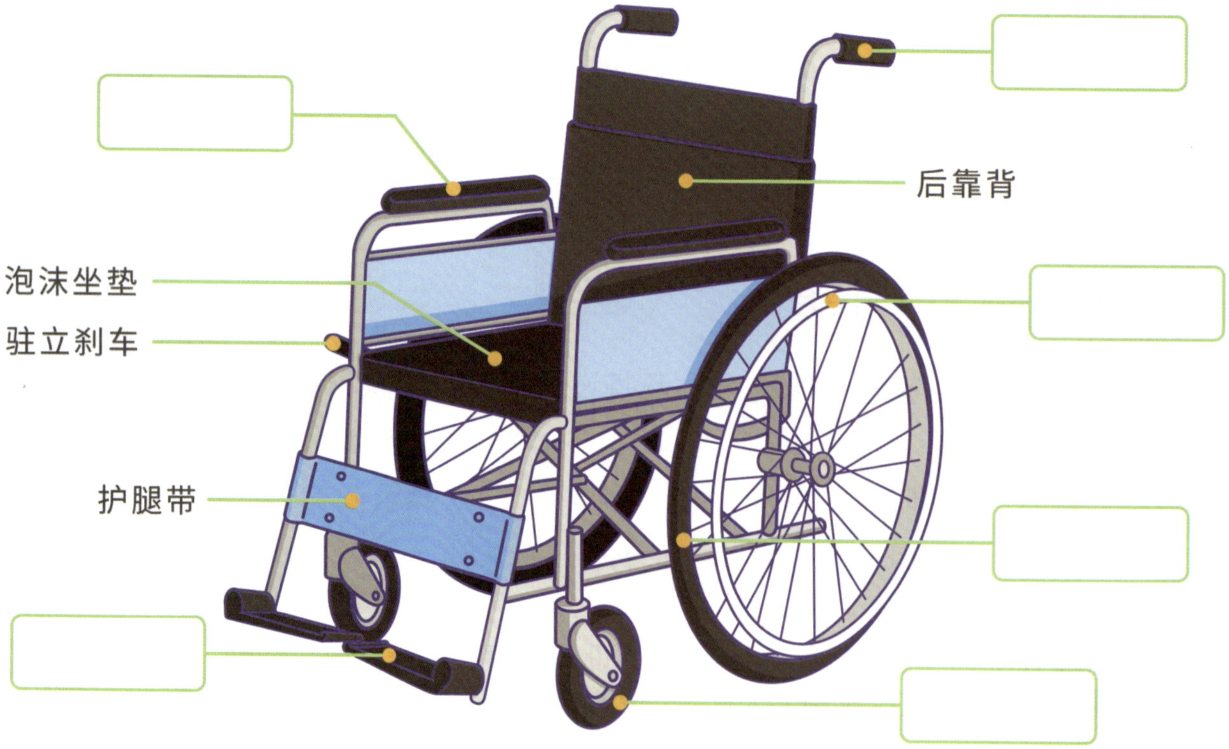

（2）参考轮椅的组成，思考选择轮椅的时候需要注意的事项。

①需要根据身高、体型确定轮椅座位的高度、宽度和深度；

②坐靠舒适，________________________；

③____________________________；

④____________________________。

三、研学活动

（一）轮椅不简单

（1）根据展板信息和对轮椅的观察，以团队为单位，讨论以下场景中轮椅的操作步骤。

场景	操作步骤
展开轮椅	
折叠轮椅	
上车	
下车	
调节脚踏板高度	

（2）轮椅作为残障人士的代步工具，需要进行定期保养和维护。你知道使用轮椅前后需要注意哪些保养事项吗？

①轮椅应存放在干燥的场所，以免受潮生锈；

（二）轮椅大冒险

在日常生活中，残障人士在使用轮椅时会面临各种困难，没有亲身经历的人很难体会和理解残障人士的难处并给予专业有效的帮助。这个环节，我们将“换位思考”，从残障人士的视角，体验他们的日常生活。

以团队为单位，自行选择以下四项轮椅操作任务中的一项（在□中打√），一位同学扮演成年残障人士，其他同学协助其使用轮椅，并记录在“轮椅体验报告”中，说说需要注意的事项。

□ ①“拐弯要小心”

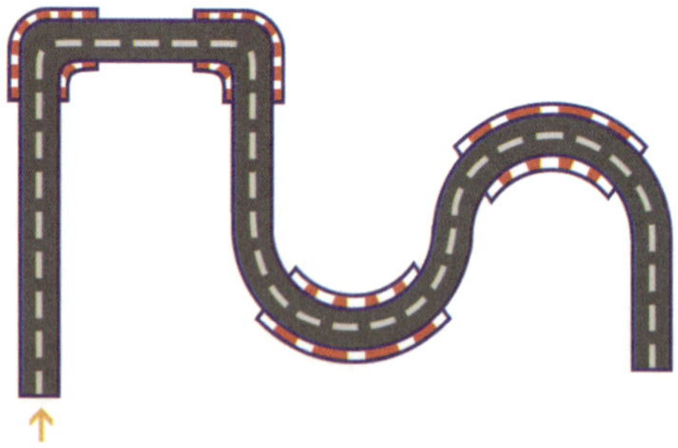

使用轮椅经过直角与曲线两种弯道

□ ②“斜坡不容易”

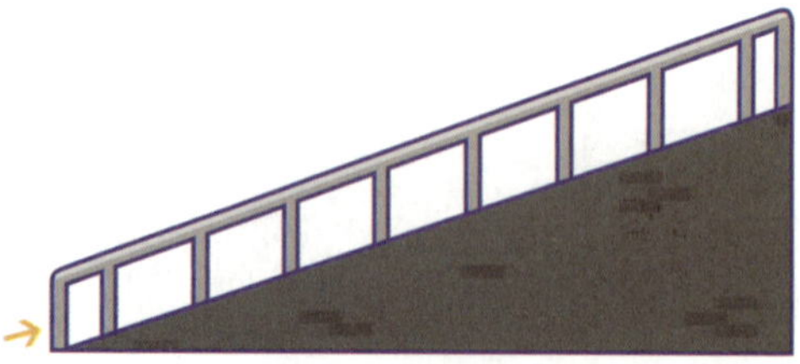

使用轮椅上下坡

□ ③“绕一物　长一智”

使用轮椅躲避或跨过不同障碍物

□ ④“方便与不方便”

使用轮椅上公共洗手间

______（团队名称）轮椅体验报告

轮椅类型	□普通轮椅　　□电动轮椅
任务名称	

①完成任务的步骤：

____

____

____

②协助过程中遇到的困难以及解决的办法：

____

____

____

____

③在协助过程中需要注意的事项：

____

____

____

____

____

④通过活动，掌握的帮助与关爱残障人士的办法：

____

____

____

____

____

小结：在这个活动中，我认为__________在协助残障人士使用轮椅的过程中表现最为突出，理由是：______________________________

____

____

（三）无障碍创想

残障人士的生活便利程度往往反映了社会文明发展的进程，未来的无障碍城市，应该是怎么样的呢？

（1）以团队为单位，聚焦于一个小区、一个体育馆或者一个学校等，设计一个残障人士无障碍空间。

“无障碍__（填写空间类型，如体育馆）__”设计方案

设计目的

①____________________

②____________________

③____________________

空间简介

①____________________

②____________________

③____________________

无障碍功能说明

设计图

（2）你认为一份好的无障碍空间设计方案应该达到哪些标准？请补充评价维度；同时为上台展示方案的团队打分（分数从低到高用 1 ～ 5 表示），并根据其他同学提出的建议优化方案。

评价维度	团队 1	团队 2	团队 3	团队 4
安全性	1 2 3 4 5	1 2 3 4 5	1 2 3 4 5	1 2 3 4 5
便利性	1 2 3 4 5	1 2 3 4 5	1 2 3 4 5	1 2 3 4 5
经济性	1 2 3 4 5	1 2 3 4 5	1 2 3 4 5	1 2 3 4 5
可行性	1 2 3 4 5	1 2 3 4 5	1 2 3 4 5	1 2 3 4 5
	1 2 3 4 5	1 2 3 4 5	1 2 3 4 5	1 2 3 4 5
	1 2 3 4 5	1 2 3 4 5	1 2 3 4 5	1 2 3 4 5
总分				

优化方案

我们团队的方案优化可以从这些方面进行：在安全性上，__________

____。

在便利性上，__________________________________

____。

在______性上，________________________________

____。

研学活动评价

自评

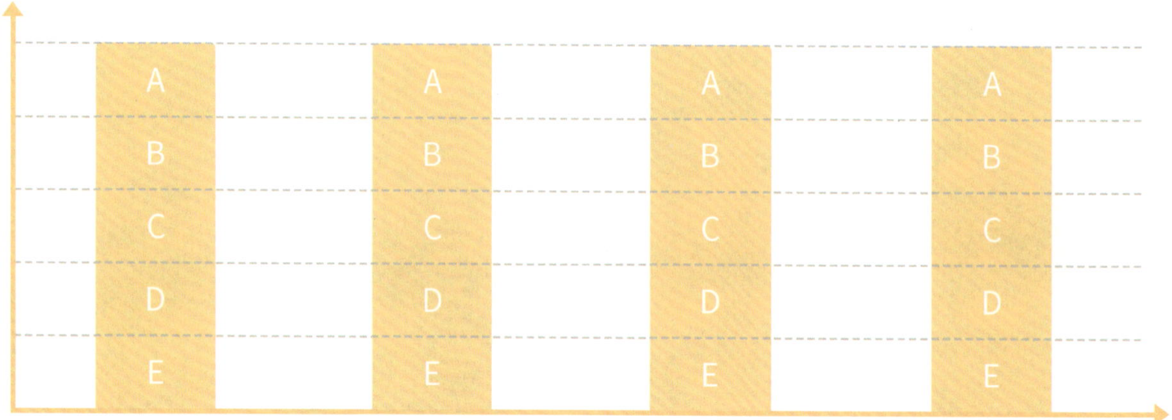

自评内容	我爱独立思考并尝试解决研学活动过程中出现的问题	我在讨论关爱残障人士方案的过程中提出有价值、具有开创性的想法并和同学不断改进	我积极倾听并与团队成员主动交流合作，共同完成目标	我能主动换位思考并理解、尊重残障人士

总结

在这次活动中，我认为最佳设计方案是____________团队设计的____________方案。理由是：______________________________

____

通过本次的轮椅体验课，我会在今后尝试了解 / 学习：____________

____

家庭急救技能

——老龄化社会人人需掌握的心肺复苏术

学校	班级	姓名	活动时间	地点

一、组建团队

(1) 本次课程我们将组建一支红十字急救服务队，学习心肺复苏急救技术。5～6 人一队，男女搭配，民主选举队长，并开展人员分工。

队长

姓名：__________
职责：组织并监督成员学习急救技术，__________

救护员	辅助员	记录员	______	______
姓名：______	姓名：______	姓名：______	姓名：______	姓名：______
职责：负责主要的急救操作，______	职责：负责辅助救护员急救、搬运患者等，______	职责：负责记录急救演练过程数据，______	职责：______	职责：______

（2）工作证是一个人在工作单位或团队中工作的证件，也是工作单位或团队形象的标志，竞选完毕后，请发挥想象，设计并制作团队的工作证。

队徽 **工作证** 姓名：________ 职位：________ ________急救队	工作内容 1.________ 2.________ 3.________ 工作准则 1.________ 2.________ 3.________

二、知识加油站

1. 院前急救知多点

（1）我国每年约有 54.4 万人发生心源性猝死，心源性猝死是我国院前死亡的最常见原因。导致心源性猝死的原因中约 90% 为致命性心律失常，这其中又有约 80% 为伴有血流动力学障碍的室性心动过速或室颤。心搏骤停抢救成功率不到 1%。

（2）有研究结果表明，在呼吸与心搏骤停时进行心肺复苏的时间越早，生存概率越高：在 4 分钟内进行心肺复苏的患者生存率可达 43% ～53%，超过10 分钟才进行心肺复苏的患者则生存概率极低。

（3）心搏骤停最初的心电图表现多为室颤。有研究已证实，在室颤发生 1 分钟内进行电除颤，患者存活率可达 90%。电除颤时间每延迟 1 分钟，心肺复苏的成功率下降 7% ～ 10%。

（4）有研究表明，70%～ 80%的心搏骤停急症发生在家庭或公共场所。目击者在现场若能进行有效的心肺复苏，及时、有效地实施抢救，则可以明显提高患者生存率。

结合上面关于院前急救的资料，思考为什么要加强群众性院前急救技能培训。

____

____

____

2. 院前急救我知道

作为一名医疗工作者，我正式宣誓：

把我的一生奉献给人类；我将首先考虑病人的健康和幸福；我将尊重病人的自主权和尊严；我要保持对人类生命的最大尊重；我不会考虑病人的年龄、疾病或残疾、信条、民族起源、性别、国籍、政治信仰、种族、性取向、社会地位，或任何其他因素……我不会用我的医学知识去违反人权和公民自由，即使受到威胁；我庄严地、自主地、光荣地做出这些承诺。

——《希波克拉底誓言》（第八次修改）

上面这段誓言对于每一位医者来说都不陌生，这是他们对病人最真挚的承诺。作为一名普通人，在紧急时候对他人伸出援手体现的是对生命的尊重。请将下方的院前急救场景和步骤要点连线，明确顺序，牢记于心。

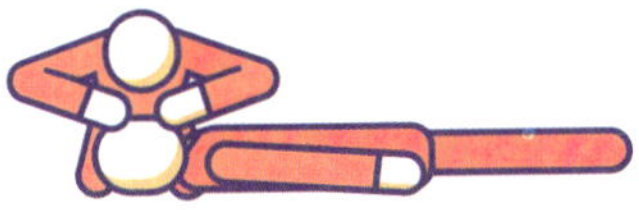

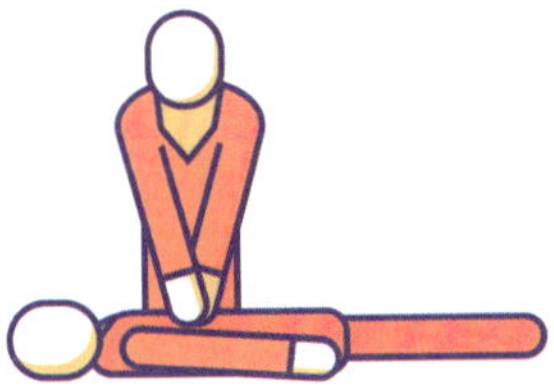

____ 患者发生心跳骤停时，实施心肺复苏

①____ 环顾四周，评估周围环境是否安全

____ 判断病人意识、呼吸、脉搏情况

____ 说明地点、电话、事件、人数、伤员情况和正在进行的急救措施

____ 呼叫路人帮助，指定人拨打 120 急救电话、寻找除颤仪

____ 发现出血、骨折要及时包扎、固定

三、研学活动

（一）急救大练兵

请每队分为 2 组，每组 3 人，轮流利用假人（成人）模型进行现场急救演练，互相点评，并在评分表上评分。

心 肺 复 苏

<table>
<tr><th>过程</th><th>要求</th><th>分值</th><th>得分</th></tr>
<tr><td rowspan="4">评估
（10 秒内完成）</td><td>（1）评估环境：环顾四周，评估环境是否安全，安全则口述“周围环境安全”，不安全则将患者转移到安全区域</td><td>2</td><td></td></tr>
<tr><td>（2）判断意识：
①轻拍患者双肩，靠近患者耳部大声呼喊“先生 / 女士”；
②观察患者呼吸是否正常</td><td>2</td><td></td></tr>
<tr><td>（3）呼救：确定患者意识丧失立即呼救，包括呼叫他人、指定他人拨打 120 急救电话、寻找除颤仪</td><td>3</td><td></td></tr>
<tr><td>（4）安置患者：引导患者仰卧，躺在坚硬平坦的平面，松开衣服以减少压迫感</td><td>2</td><td></td></tr>
<tr><td rowspan="4">胸外按压
(compression)</td><td>（1）跪于患者右侧，离患者一拳头距离</td><td>2</td><td></td></tr>
<tr><td>（2）找准按压部位：两乳头连线中点</td><td>3</td><td></td></tr>
<tr><td>（3）将一手的掌根置于按压点，另一手重叠其上，十指交叉</td><td>2</td><td></td></tr>
<tr><td>（4）手指不接触胸壁，按压时上半身前倾，腕、肘、肩关节伸直，以髋关节为支点，垂直向下用力，借助上半身的重力进行按压。放松时要让胸廓完全回弹，但手不能离开胸壁。按压 30 次
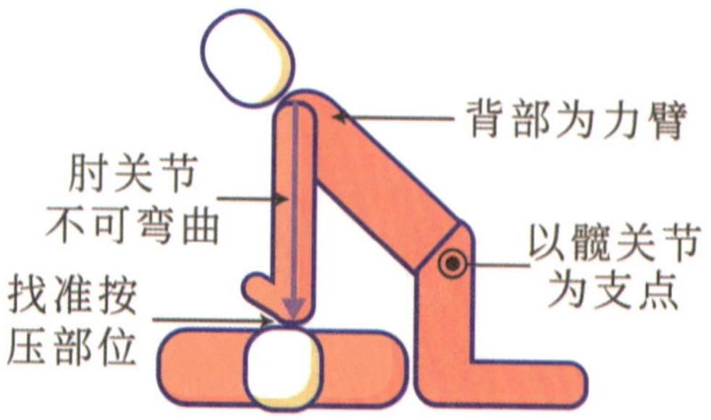
</td><td>8</td><td></td></tr>
</table>

续上表

过程	要求	分值	得分
胸外按压 (compression)	（5）注意事项： ①成人按压深度应≥5 厘米； ②婴幼儿胸外按压位置与深度和成人有较大区别，需找专业人士帮助； ③按压频率：至少 100 次 / 分钟； ④按压和回弹时间应相等	3	
开放气道 (airway)	（1）清理口中异物：将病人头偏向一侧（约 45 度）；用一手拇指按住下唇，包住牙齿压向舌头，其余 4 指曲起来，无名指扣在下颌。另一手食指沿口腔侧壁深入口腔深部，随后移向口腔另一侧，当食指回收弯曲时顺势将异物勾出（为了卫生，可以使用指套或用纱布缠住手指）	3	
	（2）运用仰面抬颌法，用一只手按压伤病者的前额，使头部后仰，同时用另一只手的食指及中指将下颏托起	3	
人工呼吸 (breathing)	（1）用压前额的手捏住其鼻腔，深吸一口气后将嘴唇紧贴着病人嘴唇，张大嘴包住病人口部，缓慢均匀吹气，吹气时间应≥1 秒（为了保证卫生，可以垫纸巾或纱布在患者口部）	3	
	（2）连续 2 次后松鼻、离唇，观察胸部情况	3	
组数	心肺复苏术一般以 5 组 CAB（胸外按压、开放气道和人工呼吸）为一循环，一组 CAB 为 30 次胸外按压、2 次人工呼吸。时间控制在 2.5 ～ 3 分钟内	25	
效果评估	检查并口述心肺复苏有效特征：面色由紫转红，脉搏、呼吸恢复，瞳孔由大变小，眼球活动，手脚抽搐，开始呻吟等	2	
注意事项： ①急救期间应密切观察患者情况，评价复苏结果； ②尽可能减少胸外按压中断，中断时间应控制在 10 秒内； ③救护者相互替换，可在完成一组 CAB 后进行替换，替换时间控制在 5 秒内。			

除 颤

要 求	分值	得分
取得自动体外除颤器(AED)后，将患者置于仰卧位，除去患者身上携带的金属物，并暴露胸部 	2	
按下按钮，AED 自动开启	2	
撕开电极片包装，按 AED 的指示将其中一块电极贴于左胸，另一块贴于右上胸锁骨下	3	
插上电源线	3	
等待 AED 分析病人心律，语音提示是否需除颤。除颤前确认所有人离开患者，按下按钮进行除颤。如不需要除颤，AED 会语音提示进行心肺复苏	3	
除颤后立即予以 5 组 CAB，2 分钟后检查脉搏和心律	10	

注意事项：

①当可以立即取得 AED 时应尽快使用 AED。若不能立即取得 AED，应该在他人前往获取以及准备 AED 时开始心肺复苏，而且视患者情况，应在设备可供使用后尽快进行除颤。

②除颤后应观察心电活动，如无恢复应立即进行心肺复苏，5 组 CAB 后如未恢复，可再次除颤，一般 1 次除颤后进行 5 组 CAB

过程	要 求	分值	得分
总体	操作连贯	3	
	动作规范	3	
	全程做好时间记录	5	

总得分：__________

评分人：__________

（二）急救慎处理

（1）选择以下一个案例，团队讨论并协作完成下面的急救方案。

☐ 案例一

小丽傍晚放学回到家看到奶奶侧倒在地上，紧紧捂住胸口，桌上放着硝酸甘油片（速效救心丸）。走近一看，小丽发现奶奶表情痛苦、面色苍白，伸手一探，没有呼吸。如果你是小丽，你会怎么做？

☐ 案例二

暑假天气炎热高温，趁家长不在，小杰和一群小伙伴不顾禁止游泳的警示，相约到村里的河涌游泳，他们不停地戏水打闹。小杰自认为水性好，独自一人进入深水区，开心地呼喊小伙伴们。不料一会后小杰突然在水里剧烈划动，并喊了几声“救命”，小伙伴看到情况不对马上分头行动。如果你是小杰的小伙伴，你会怎么做？

案例（　　　）急救方案

实施措施	具体步骤	注意事项

（2）你认为一份优秀的急救方案需要达到哪些标准？请补充评价维度，并给主动上台分享急救方案的前四个团队进行评分（分数从低到高用1～5表示）。

评价维度	团队 1	团队 2	团队 3	团队 4
科学性	1 2 3 4 5	1 2 3 4 5	1 2 3 4 5	1 2 3 4 5
准确性	1 2 3 4 5	1 2 3 4 5	1 2 3 4 5	1 2 3 4 5
达标度	1 2 3 4 5	1 2 3 4 5	1 2 3 4 5	1 2 3 4 5
	1 2 3 4 5	1 2 3 4 5	1 2 3 4 5	1 2 3 4 5
总分				

研学活动评价

自评

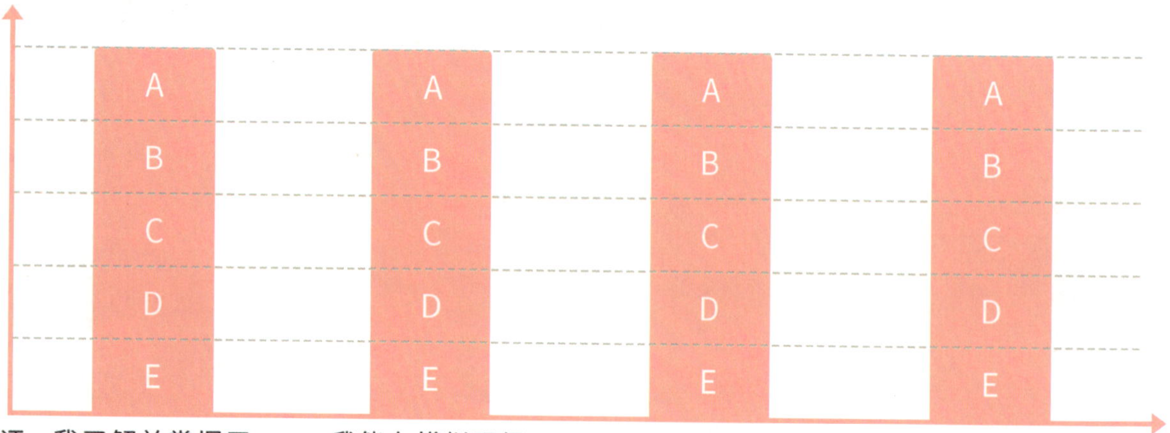

自评内容	我了解并掌握了基本的基础生命支持技术	我能在模拟现场急救时准确无误地完成操作	我以后在急救现场能做出正确行动	我会把急救知识普及给身边人

总结

在这次活动中，我认为最优秀的急救方案是____________队设计的，理由是：____

____

我认为我们队的急救方案还可以从这些方面改进：____________________

____

____

户外急救技能

——学习户外常见的应急救护技术

学校	班级	姓名	活动时间	地点

一、组建团队

（1）本次活动我们将组建户外急救志愿队，共同学习户外急救的基本技术。每队 5 ～ 6 人，男女搭配、自由组建团队。各队员根据自身的特点竞选下列岗位。

队长

姓名：________

职责：监督队员认真学习急救技术，________

安全员	救护员	记录员	______	______
姓名：______	姓名：______	姓名：______	姓名：______	姓名：______
职责：观察队员的操作是否安全，______	职责：指导队员实施急救操作，______	职责：记录急救操作时间和相关事宜，______	职责：______	职责：______

（2）设计团队专属的队名、口号及队徽。

我们的队名是：________________

我们的口号是：________________

我们的队徽

二、知识加油站

急救包装有急救药品，供人们出现意外情况时应急使用。根据环境和使用对象的不同，可以分为不同类别。寒假和暑假向来是同学们出行的好时机。请你选择一个假期计划出行的户外目的地，并配置你的急救包。

目的地：________________

物资：________________________________

____

急救包常见配置物品

 医用酒精 清洁皮肤，伤口周边消毒	 医用棉签 消毒，处理伤口，涂抹药水	 创可贴 暂时止血，保护伤口	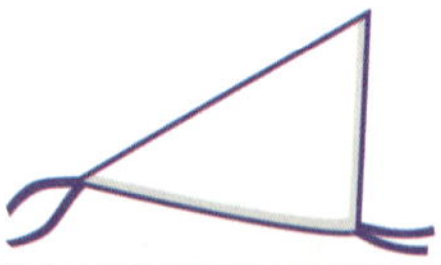 三角巾 保护伤口，压迫止血，固定骨折部位	 医用 / 弹性绷带 用于伤口包扎或防护
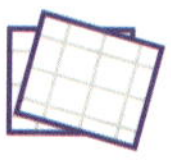 纱布块 局部伤口的清洁、止血、包扎等	 硅胶止血带 压迫伤口止血，固定骨折部位	 剪刀 剪绷带、止血带、衣物等	 安全别针 固定三角绷带、纱布等	 体温计 测量体温
 迷你手电筒 便携应急照明	 一次性手套 卫生防护	 急救手册 查询应急器械使用和救援常识	 健康急救卡 记录被救者的基本信息	…… （自行补充所需物品至急救包）

三、研学活动

（一）出游小贴士

如果外出旅游遇到以下意外，应该提前做好哪些准备或在现场要怎么处理？请思考并将解决办法记录下来。

意外	解决办法
蚊虫叮咬	去植被覆盖率较高的地方最好穿长袖上衣和长裤，带防蚊水和治疗蚊虫叮咬的药膏；________
中暑	
被食物噎住	
关节扭伤	
擦伤出血	

（二）急救我知道

根据展板信息，用流程图的形式把止血、包扎、固定、搬运的简易步骤表达出来。

急救技术操作流程图

止血	
包扎	

固定	
搬运	

（三）急救大练兵

如果没有亲身实践，我们很难真正掌握急救技术。这个环节，我们将动手操作，锻炼急救技能。请同学们每 2 人为一组，选择 1 ～ 2 个案例在假人模型上进行实验操作，互相检查并记录对方的操作失误，完成操作后互相交流。

（说明：未经过专业训练及获得专业人员许可，禁止尝试。）

户外急救案例集

案例一

小红妈妈在家里切菜的时候，左手的食指不小心被刀切到了，可以看到鲜红色的血一直往外流。

案例二

五年级的小明在人行道上走着，有一辆自行车从他身后快速驶过并撞到了小明的左侧手臂。小明受到了惊吓并且跌倒在地上，起来后发现左侧前臂和背部有很大一块淤青，额头被磕破，而且一直流血，他放声大哭。

案例三

小刚和同学在操场上玩耍，突然小刚被人从背后推了一下，一下子没站稳，为了不让自己的脸受伤，他用右手撑了地板一下后倒下了。小刚起来后跟同学说他的右手手腕痛，拇指和食指不能活动，右手不能转动，左手活动没什么问题。

案例四

小兰奶奶在家里打扫卫生，突然感觉眼前一黑，双腿站不稳，跪倒在地上。小兰把奶奶叫醒后，奶奶说左侧膝关节疼痛，左腿伸得笔直，不敢弯曲。

案例序号	处理方式	改进办法

你认为急救处理应该达到哪些标准？请补充评价维度，并给主动上台分享急救演练的前四个团队进行评分（分数从低到高用 1～5 表示）。

评价维度	团队 1	团队 2	团队 3	团队 4
科学性	1 2 3 4 5	1 2 3 4 5	1 2 3 4 5	1 2 3 4 5
准确性	1 2 3 4 5	1 2 3 4 5	1 2 3 4 5	1 2 3 4 5
达标度	1 2 3 4 5	1 2 3 4 5	1 2 3 4 5	1 2 3 4 5
	1 2 3 4 5	1 2 3 4 5	1 2 3 4 5	1 2 3 4 5
	1 2 3 4 5	1 2 3 4 5	1 2 3 4 5	1 2 3 4 5
	1 2 3 4 5	1 2 3 4 5	1 2 3 4 5	1 2 3 4 5
总分				

研学活动评价

自评

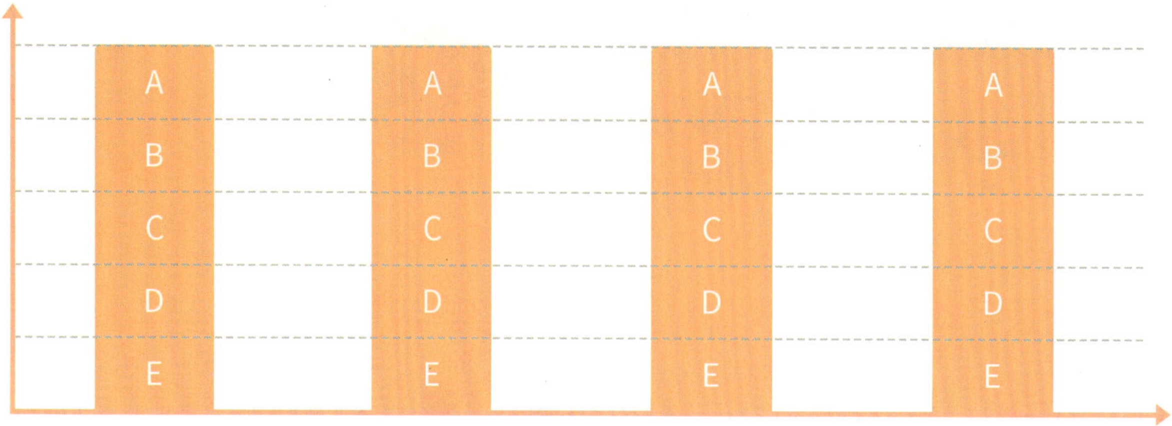

自评内容	我会努力学习急救知识与技能	遇到身边的人需要救助时，我会及时向成年人求助	我能将所学的急救知识告诉家人和朋友，并运用到实际中	我在面对紧急情况的时候，不会慌乱，能冷静思考，随机应变

总结

通过本次课，我会在今后尝试深入了解 / 学习其他类型的急救技术：________

____

____

____

____

和焦虑握个手

——学会正视与调控自身情绪

学校	班级	姓名	活动时间	地点

一、组建团队

（1）这节课我们将一起探究如何调节学习焦虑。5 人一组，男女搭配，自由组合成立一个“心理咨询工作室”。民主选出工作室负责人，其他同学根据自己的特长竞选自己喜欢的角色。

负责人

姓名：__________

职责：负责团队的统筹安排，组织大家开展活动，__________

分析员

姓名：__________

职责：引导团队成员进行学习焦虑的案例分析，__________

记录员

姓名：__________

职责：负责团队讨论内容的记录，__________

引导员

姓名：__________

职责：引导团队成员积极分析学习焦虑情况，__________

整理员

姓名：__________

职责：负责整理和保管物资，__________

（2）为工作室设计响亮的名称及口号。

我们工作室的名称是：____________________

我们工作室的口号是：____________________

二、知识加油站

学习焦虑者的焦虑情绪达到一定程度时，会出现过强的躯体化反应。接下来，我们将通过“拍七令”来体验焦虑，在游戏中观察自己焦虑时的具体表现，并类比分析自己在学习生活中是否出现过类似的焦虑情绪。

1. 体验焦虑

拍七令游戏规则

①选一首节奏激昂的背景音乐，教师先报一个数字（10 以内），然后指定从某个同学开始按一定的顺序接着报数，当音乐停止时停止报数。

②当有人报的数含有“7”或是“7”的倍数时，不报数，并轻拍下一个人的肩膀，被拍到的同学继续报数。

③报错数的人或者音乐停止时将要报数的人则要接受小惩罚。

④惩罚方式经过大家讨论后，全票通过才能被采用。

你在游戏过程中是否感到焦虑？你在焦虑时的具体表现是什么？

____

____

2. 认识学习焦虑

（1）学习焦虑测试。

请填写以下的心理健康量表，测试自己的学习焦虑情况。

说 明

①按照平常所想的如实回答。

②每一问题都要回答，难以决定时，请选与你最接近的答案。

③在相应的答案上画上√。

④若选择“是”，则加 1 分；若选择“否”，则不加分。8 分以上为高分，说明对考试怀有恐惧心理，无法安心学习，十分关心考试分数；3 分以下为低分，学习焦虑情绪低，学习不会受到困扰，能正确对待考试成绩。

心理健康量表（MHT）

年级		班级		姓名		性别		年龄	

①你晚上要睡觉时，是否总想着明天的功课？	是	否
②老师向全班提问时，你是否会觉得是在问自己而感到不安？	是	否
③你是否一听说“要考试”心里就紧张。	是	否
④你考试成绩不好时，心里是否感到很难过？	是	否
⑤你学习成绩不好时，是否总是提心吊胆？	是	否
⑥你考试时，想不起原先掌握的知识，是否会感到紧张不安？	是	否

⑦你考试后，在没有知道成绩之前，是否总是放心不下？ 是 否
⑧你是否一遇到考试，就担心会考砸？ 是 否
⑨你是否希望每次考试都能顺利？ 是 否
⑩你在没有完成任务之前，是否总担心完不成任务? 是 否
⑪你在公众场合朗读课文时，是否总是怕读错？ 是 否
⑫你是否认为学校里得到的学习成绩总是不大可靠？ 是 否
⑬你是否认为你比别人更担心学习？ 是 否
⑭你是否做过考试考砸了的梦？ 是 否
⑮你是否做过学习成绩不好时受到父母或老师训斥的梦？ 是 否

我的测试得分：________

（2）学习焦虑的表现。

学习过程中感到焦虑时，你会有什么样的表现？如果以下描述符合你的表现，请在括号内打√；若以下内容不符合你的焦虑表现或者你有其他的焦虑表现，请在横线上补充。

①在学习过程中、考试前或考场上，出现心跳、呼吸加快，恶心，想要呕吐。（ ）

②考试前出虚汗、脸色苍白、手心发凉，一进考场就想上厕所，刚上完厕所又有了便意。（ ）

③考试时手发抖、身体颤动，不能正常地答卷。（ ）

④________

三、研学活动

（一）我的学习焦虑情况

根据测试得分和学习焦虑的具体表现，对自己的学习焦虑情况进行深入分析，并完成下列问题。

（1）学习焦虑分析。

在考试过程中，你是否会产生关于学习焦虑的想法呢？请尝试写下来。例如：要是这次考试也考不好的话，父母就会对我更失望了。

①________

②________

③________

④________

（2）反思。

以上使你感到学习焦虑的这些想法，是否带有以下倾向。（　　）

A. 对自己要求过高　　B. 过于否定自己

C. 不能接受考试不理想的结果　　D. 不存在上述倾向

（3）转换思考方式。

请尝试换一个角度思考你不会产生学习焦虑的原因并写下来。例如：只要我尽力了，即使没有考满分，爸爸妈妈也一定会看到我的进步。

①____________________

②____________________

③____________________

④____________________

（二）缓解学习焦虑小妙招

通过下列问题的引导，分析自己产生学习焦虑的原因，并寻找适合自己的调节方法。

（1）你觉得造成你产生学习焦虑或没有学习焦虑的原因是什么？

①家庭：____________________

②学校：____________________

③老师：____________________

④同伴：____________________

⑤____________________

（2）以下哪些方式有助于缓解你的学习焦虑？请勾选1～3项你认为最有助于缓解学习焦虑的方式。

及时调控：

①多听令人放松的音乐。（　　）

②看幽默的小故事或笑话。（　　）

③在纸上写下自己的学习焦虑。（　　）

长期调控：

①养成健康的饮食、睡眠和运动习惯。（　　）

②寻求心理咨询。（　　）

③制订学习计划，在规定期限内完成。（　　）

（3）我跟同学交流后了解到____________________

____________________方法。

（三）心理茶话会

将每个工作室分为 2 个小组，每组 2 ～ 3 人，在小组内分享自己关于学习焦虑的经历，根据所学内容进行分析，并记录其中一位小组成员的学习焦虑情况。

＿＿＿＿＿＿＿＿小组成员的学习焦虑分析报告

他 / 她的学习焦虑情况	
他 / 她产生学习焦虑（或无学习焦虑）的原因	
针对他 / 她的情况，我提出的建议（或我的收获）	
他 / 她对我提出的建议的看法	

他/她对于学习焦虑仍然存在的疑惑	

你认为优秀的学习焦虑分析报告应该达到哪些标准？请补充评价维度，并对上台分享的四个工作室进行评分（分数从低到高用 1～5 表示）。

评价维度	工作室 1	工作室 2	工作室 3	工作室 4
分享内容的丰富性	1 2 3 4 5	1 2 3 4 5	1 2 3 4 5	1 2 3 4 5
内容组织的逻辑性	1 2 3 4 5	1 2 3 4 5	1 2 3 4 5	1 2 3 4 5
建议的科学性	1 2 3 4 5	1 2 3 4 5	1 2 3 4 5	1 2 3 4 5
上台分享的表达能力	1 2 3 4 5	1 2 3 4 5	1 2 3 4 5	1 2 3 4 5
	1 2 3 4 5	1 2 3 4 5	1 2 3 4 5	1 2 3 4 5
	1 2 3 4 5	1 2 3 4 5	1 2 3 4 5	1 2 3 4 5
总分				

（四）我的人生规划图

明确自己的学习目标和生活目标是缓解学习焦虑的重要方式。请结合自己未来两年的学习目标、生活目标以及实现目标的必要步骤，绘制一张自己的人生规划图。你可以把自己精心绘制的规划图带回家，挂到卧室的墙上，让这张规划图成为你生活中非常重要的部分。如果你在一段时间后有了新的想法，可以进行修改。

第一步：分析你的需求。

开动脑筋，写下 10 条未来两年你认为自己应做且通过努力可以做到的事情。

第二步：分析自己所处境地。

采用 SWOT（S 代表优势、W 代表劣势、O 代表机遇、T 代表困难）分析法，分析自己实现目标的优势、劣势、可能的机遇以及面对的困难。

第三步：确定长期和短期的目标。

根据你的需求、优势、劣势、机遇等勾画自己的长期和短期目标。

第四步：制订提升计划。

可以以多种形式（绘画、文字）表示你想要掌握的新技能或新知识，并写出提升计划，确定完成时间。

第五步：适当寻求帮助。

他人的协助和监督能帮你更有效地达成目标，可以把你想要寻求帮助的人画出来。

________的人生规划图

我的 10 个小目标

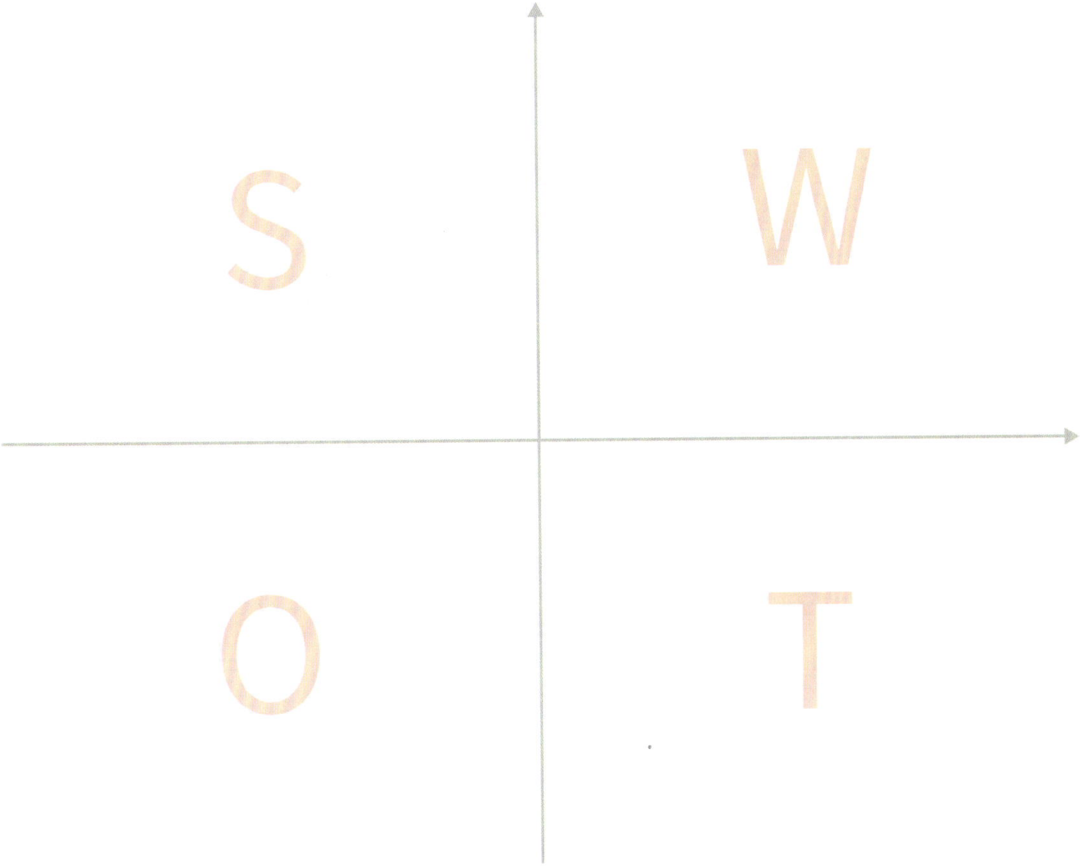

研学活动评价

自评

自评内容	我能够及时发现并且正确判断自身的学习焦虑情况，及时采取缓解措施	我可以清晰地表达出自己的观点，乐于分享，尊重他人的发言	我能向同伴提出缓解学习焦虑的建议，能在同伴遇到困难时伸出援手	我能在活动中提出新奇有趣的想法，且能被接纳或参考、应用于实践中
	A	A	A	A
	B	B	B	B
	C	C	C	C
	D	D	D	D
	E	E	E	E

总结

在本次课程中，我学习到的最好的缓解学习焦虑的办法是＿＿＿＿＿＿工作室提出的＿＿＿＿＿＿，原因是：＿＿＿＿＿＿＿＿＿＿＿＿＿＿＿＿＿＿＿＿＿＿＿＿。

此外，我还从＿＿＿＿＿＿（书籍、家人、好友、老师等）了解到其他的缓解学习焦虑的办法有：＿＿＿＿＿＿＿＿＿＿＿＿

病毒卫士

——认识病毒，科学防疫

学校	班级	姓名	活动时间	地点

一、组建团队

（1）这节课我们将组建团队一起探究如何保持卫生，防止病毒入侵人体。5～6 人一个团队，男女搭配，成立一个“病毒观察科学研究所”。

研究所所长

姓名：________

职责：统筹规划、领导团队，________

____

病毒结构观察员

姓名：________

职责：负责观察和描述病毒的结构，________

资料记录员

姓名：________

职责：负责研究所讨论内容的记录，________

专家顾问

姓名：________

职责：收集、讲述相关背景知识，________

科研成果汇报员

姓名：________

职责：代表研究所展示成果，________

____

姓名：________

职责：________

（2）设计研究所专属的名称、口号和标志。

我们研究所的名称是：________

我们研究所的口号是：________

我们研究所的标志

二、知识加油站

以研究所为单位，观察流感病毒和艾滋病病毒模型。将所观察的信息记录在以下表格中。

病毒名称	流感病毒	艾滋病病毒（HIV 病毒）
结构组成	①______ ②______ ③包膜 ④刺突	①______ ②______

总结：活动中，我未能观察到实际存在的病毒结构是______，原因是____________。

三、研学活动

（一）认识艾滋病

1. 谣言证伪从我做起

日常生活中我们会看到或听到有关艾滋病的资讯或说法，这些资讯或说法有真有假，我们需要对其进行甄别，让谣言止于智者。请以研究所为单位，判断下面的资讯是否属实或说法是否正确，并说明原因。

【资讯】

① “有一艾滋病患者把自己身上的艾滋病病毒，注入了瓜农的西瓜中，现这些西瓜已流入市场。”吃了这些西瓜，会染上艾滋病吗？

【资讯】

② “有一艾滋病患者在餐厅的菜上滴血，客人吃了就会得艾滋病。”此新闻是真实的吗？

【说法】

③ 在钞票上发现血渍，我摸了钱，没洗手就吃了东西，我会得艾滋病。

【说法】

④ 和一个性关系比较紊乱的朋友握手后，没洗手直接拿水果吃，会被传染艾滋病。

【说法】

⑤ 在医院被蚊子咬了，会得艾滋病。

2. 液体混合实验——模拟艾滋病感染过程

通过液体混合实验，模拟艾滋病经体液传播的过程，了解艾滋病的传播速度，感受高危性行为可能带来的危害。

主要实验材料：水、10% 氢氧化钠、酚酞试剂、100 毫升 一次性塑料杯、5 毫升胶头滴管。

实验原理：用纯水代表健康人，含有氢氧化钠的溶液代表艾滋病病毒感染者，液体混合过程代表性行为；氢氧化钠溶液遇到酚酞试剂会变红。

实验说明

①全班同学平均分为四个研究所，每人可分到一只准备好的盛有液体的杯子和一个胶头滴管。全班只有一位同学分到盛有氢氧化钠溶液的杯子，其余同学分到盛有清水的杯子。

②每人抽 5 毫升液体，分别注入对方杯中（代表一次不安全的性行为），如此与 4 个以上不同的人进行交换，交换时请注意秩序。

③由教师在每个杯中加入酚酞试剂（艾滋病检验）。由于混合，许多杯子中的溶液加入酚酞试剂后变为红色（呈阳性反应），说明含有氢氧化钠（感染艾滋病病毒）。

实验结束后，请同学们填写以下表格。

评价表

项目	杯中的液体	“感染”	实验感悟
内容	□ 清水 □ 氢氧化钠溶液	□ 是 □ 否	

（二）展示走马灯

以研究所为单位，共同制作一个旋转走马灯，将展示本课题内容的卡片置于旋转走马灯中进行展示（共 6 张卡片），可参照易拉宝进行制作，不同研究所尽量以不同的主题进行展示。

卡片主题内容参考

①以不同种类病毒的结构为展示主题；
②以艾滋病病毒入侵细胞时增殖的过程为主题；
③以病毒的消灭过程为主题等。

（1）以不同种类病毒的结构为主题，可参考以下思路：

	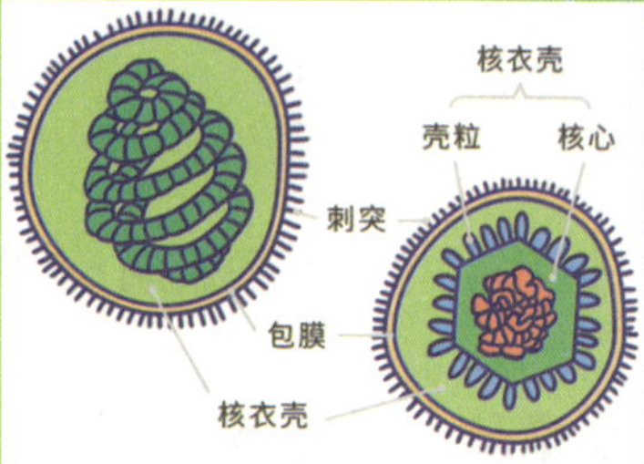 病毒的基本结构	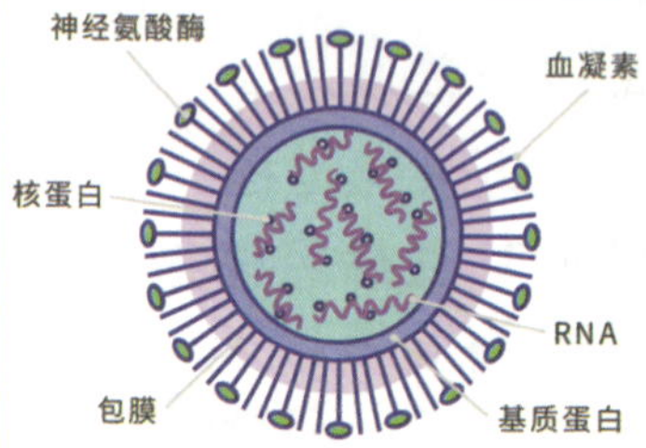 流感病毒的结构	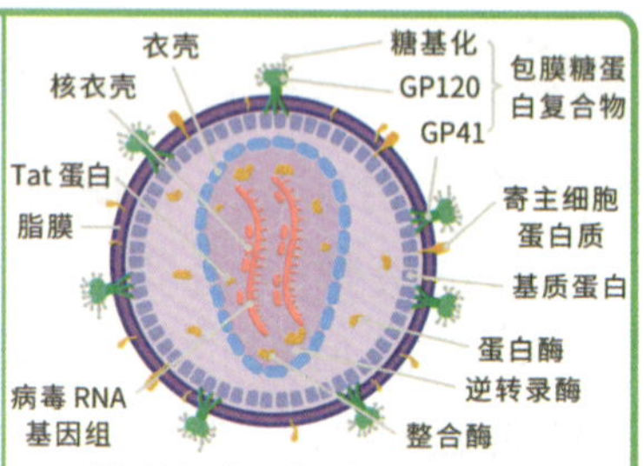 艾滋病病毒的结构
描述			
总结比较			

（2）以艾滋病病毒的增殖过程为主题，可参考以下思路：

①

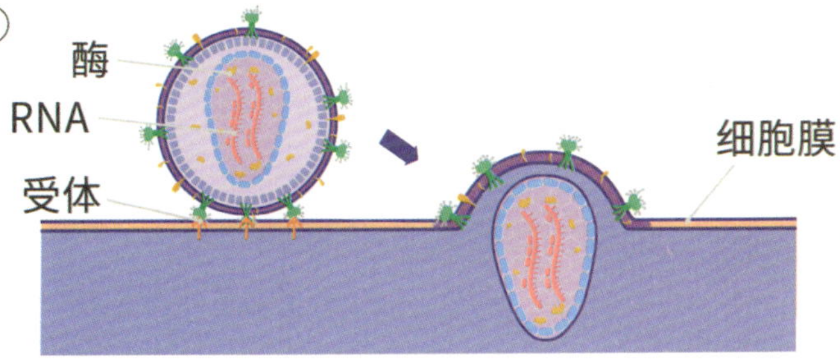

过程描述

②

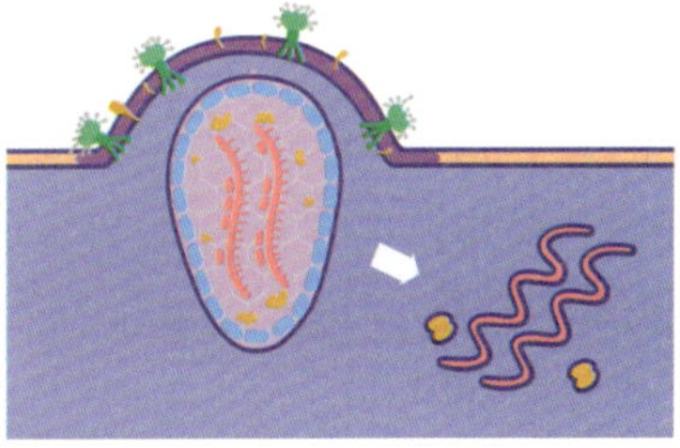

过程描述

③

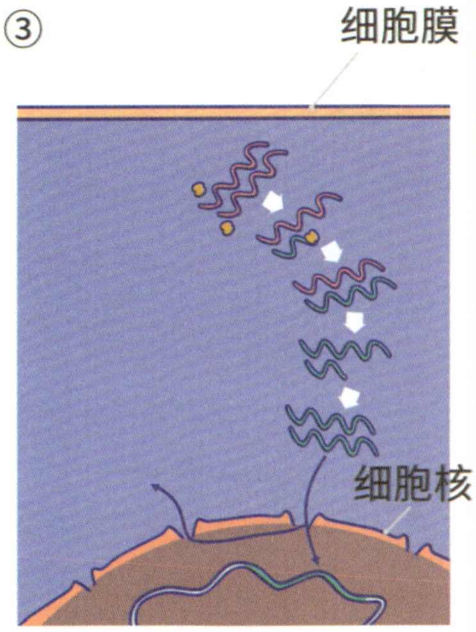

过程描述

④

?

过程描述

⑤

?

过程描述

（3）以病毒的消灭过程为主题，可参考以下思路：

①

病毒

过程描述

②

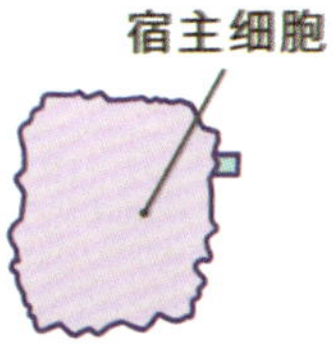

病毒攻击宿主细胞

过程描述

③

被病毒感染的宿主细胞（靶细胞）

过程描述

④

?

过程描述

⑤

?

过程描述

请补充评价维度，为上台展示走马灯的研究所进行评分（分数从低到高用 1～5 表示）。

评价维度	研究所 1	研究所 2	研究所 3	研究所 4
卡片内容与主题的契合度	1 2 3 4 5	1 2 3 4 5	1 2 3 4 5	1 2 3 4 5
走马灯的美观性	1 2 3 4 5	1 2 3 4 5	1 2 3 4 5	1 2 3 4 5
内容的创意性	1 2 3 4 5	1 2 3 4 5	1 2 3 4 5	1 2 3 4 5
上台展示的表达能力	1 2 3 4 5	1 2 3 4 5	1 2 3 4 5	1 2 3 4 5
	1 2 3 4 5	1 2 3 4 5	1 2 3 4 5	1 2 3 4 5
	1 2 3 4 5	1 2 3 4 5	1 2 3 4 5	1 2 3 4 5
总分				

研学活动评价

自评

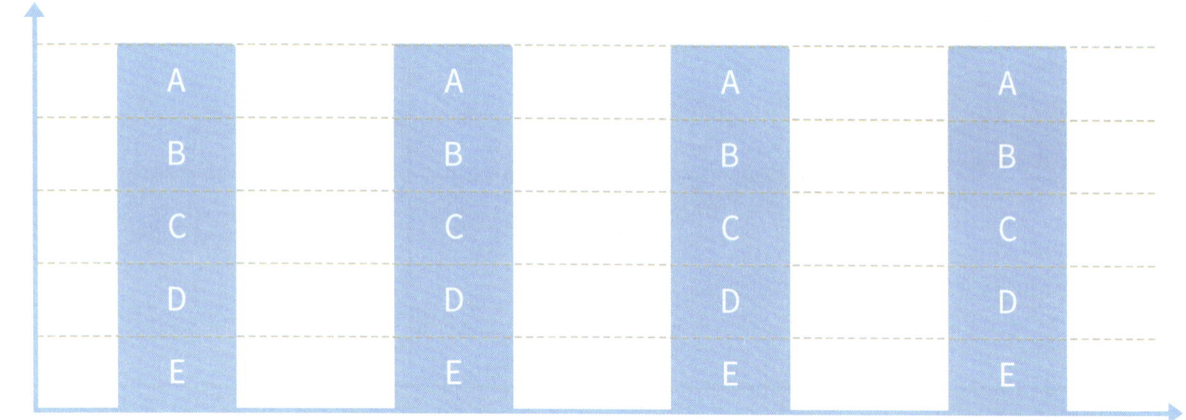

自评内容

我认识到了常见病毒，并知道艾滋病的传播途径，会在日常生活中注意卫生

我能尊重研究所成员的性格特点，积极配合，共同完成任务

我学会了显微镜的使用方法，乐于观察

我能在活动中提出新奇有趣的想法；一些想法能被接纳或参考，并应用于实践中

总结

我认为在制作走马灯过程中，最富有创意的研究所是＿＿＿＿＿＿＿＿，理由是：＿＿＿＿＿＿＿＿＿＿＿＿＿＿＿＿＿＿＿＿

＿＿＿＿＿＿＿＿＿＿＿＿＿＿＿＿＿＿＿＿＿＿＿＿

我认为我们研究所的走马灯还可以做以下的改进：＿＿＿＿＿＿＿＿

＿＿＿＿＿＿＿＿＿＿＿＿＿＿＿＿＿＿＿＿＿＿＿＿

垃圾分类

——给垃圾找家，还地球洁净

学校	班级	姓名	活动时间	地点

一、组建团队

（1）这节课我们将组建团队一起探讨垃圾分类的小技巧。每个团队由 5 人组成，民主选出队长，其他同学根据自身的特点，竞选适合自己的角色。

队长

姓名：________

职责：组织、领导、协调团队活动，________

宣传员

姓名：________

职责：负责垃圾分类的相关宣传活动的开展，________

设计师

姓名：________

职责：负责垃圾分类相关海报、方案等的设计开发，________

垃圾分类专家

姓名：________

职责：负责各种垃圾分类要求的讲解及相关资料的收集，________

环保科学家

姓名：________

职责：负责环保相关知识、方式、途径等资料的介绍，________

（2）为团队设计响亮的队名及口号。

我们的队名是：________

我们的口号是：________

二、知识加油站

生活垃圾，指的是日常生活中或为日常生活提供便利而产生的废弃物或行政法规及法律规定为生活垃圾的废弃物。常见的生活垃圾主要有废纸、塑料、玻璃、金属、废弃电池、过期的药物、布、陶瓷、纸巾、剩菜、骨头、蔬菜根和果皮等。

生活垃圾的处理非常重要，我们每回收 1 吨废纸，就可以生产 850 千克纸，节省 300 千克木材，与同等产量相比可减少 74%的污染；每回收 1 吨塑料饮料瓶，可获得 0.7 吨二次原料；精炼 0.9 吨钢比使用矿石冶炼成本低 47%，空气污染减少 75%，水污染和固体废物减少 97%。

上面介绍中提到了很多种垃圾，请按照干垃圾、湿垃圾、有害垃圾和可回收垃圾四大类别进行分类，并思考垃圾分类有什么好处。

垃圾类别	种类	垃圾分类的好处
干垃圾	纸巾、	①废物利用；
湿垃圾	剩菜、	
有害垃圾	过期的药物、	
可回收垃圾	废纸、	

三．研学活动

（一）垃圾分类之旅

1. 垃圾小分类游戏

游戏介绍：在场馆分布着不同的垃圾卡片，找到卡片并将它们放到属于各自的垃圾桶里。

游戏规则：统计卡片放置的准确率及数量，准确率越高且收集卡片数量越多的团队获胜。

要求：在游戏的过程中将自己分类的物质记录在下方的表格中。

垃圾类别	种类
 干垃圾	
 湿垃圾	
 有害垃圾	
 可回收垃圾	

2.“我是垃圾分类小行家”宣讲仪式

垃圾分类为我们的生活带来很多的好处，不仅能够有效节约资源，还能保护环境。如果每个人都有决心在生活中做好垃圾分类，我们会拥有更多的蓝天。让我们一起来进行“我是垃圾分类小行家”宣讲仪式，表明自己的决心吧。

“我是垃圾分类小行家”宣讲仪式

我们是＿＿＿＿＿＿＿＿＿＿

我宣告从今天起，我将致力于通过垃圾分类保护地球家园，我会努力做到：

①将生活中的垃圾进行分类，遇到不能辨识的垃圾会请教大人；

②鼓励周围的同学和大人一起做好垃圾分类；

③积极参加社区和学校开展的垃圾分类活动；

④＿＿＿＿＿＿＿＿＿＿＿＿＿＿＿＿＿＿＿＿

⑤＿＿＿＿＿＿＿＿＿＿＿＿＿＿＿＿＿＿＿＿

姓名：

（二）把垃圾送回“家”

分类好的垃圾去哪儿了呢？环卫工人是如何处理分好类的垃圾呢？请查找相关信息，为每一种类别的垃圾画出一条属于它们的“归家”之路。

垃圾去哪儿了？

 干垃圾	
 湿垃圾	
 有害垃圾	
 可回收垃圾	

（三）大设计巧宣传

为了扩大垃圾分类的宣传力度，我们可以设计一款新型垃圾桶，帮助人们尽快了解垃圾分类。同时我们还要思考这款垃圾桶要怎么运用在学校、小区、家庭或者街道中。

________________设计书

设计目标

成品图

功能介绍

（地点）宣传计划

（请团队讨论简要的宣传步骤）

你认为一款新型垃圾桶应该达到哪些标准？请补充评价维度，并对上台分享的四个团队进行评分（分数从低到高用 1 ～ 5 表示）。

评价维度	团队 1	团队 2	团队 3	团队 4
美观性	1 2 3 4 5	1 2 3 4 5	1 2 3 4 5	1 2 3 4 5
环保性	1 2 3 4 5	1 2 3 4 5	1 2 3 4 5	1 2 3 4 5
	1 2 3 4 5	1 2 3 4 5	1 2 3 4 5	1 2 3 4 5
	1 2 3 4 5	1 2 3 4 5	1 2 3 4 5	1 2 3 4 5
总分				

研学活动评价

自评

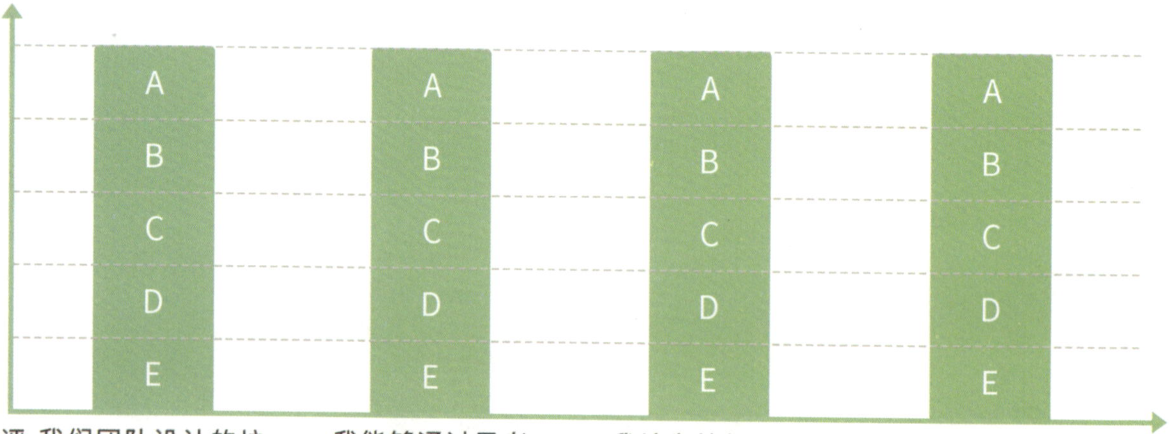

自评内容

我们团队设计的垃圾桶不仅简洁、易于辨认，而且外形美观、色彩搭配合理

我能够通过思考其他团队的作品发现自己作品的不足并改进

我认为垃圾分类对人类未来意义重大

我在团队中能够配合其他成员，一起完成任务

总结

在这次活动中，我认为__________团队设计的__________垃圾桶最有创意。理由是__________

我们团队设计的垃圾桶可以从这些方面优化：__________

____

通过本次的垃圾分类课程，我会在今后尝试了解 / 学习__________

____

少年脑科学

——认识大脑，科学用脑，成为最强大脑

学校	班级	姓名	活动时间	地点

一、组建团队

（1）这节课我们将组建团队一起探讨大脑的奥秘。每个团队 6 人，民主选出队长，其他同学根据自身的特点，竞选适合自己的角色。

队长

姓名：____________

职责：组织、领导、协调团队活动，____________

大脑研究者	功能记录员	功能讲解员	________	________
姓名：______	姓名：______	姓名：______	姓名：______	姓名：______
职责：提供大脑脑区相关功能资料，______	职责：记录、展示团队成果，______	职责：说明各项活动的规则，______	职责：______	职责：______

（2）为团队设计响亮的队名及口号。

我们的队名是：________________________

我们的口号是：________________________

二、知识加油站

尽管大脑的重量仅占人体体重的 2%，但它“贪吃”葡萄糖的习惯使其成了身体里耗能最多的器官。当身体处于静止状态（除了基本的呼吸、消化和保持体温外，未参与任何活动）时，大脑消耗的能量就占身体消耗能量的 20% ～ 25%，而且主要以葡萄糖的形式消耗。在童年时期，大脑更“贪吃”。五六岁的儿童每天大脑消耗的能量最多可占到身体消耗能量的 60%，几乎是成年人的 3 倍。

（1）为什么大脑如此“嗜糖”？

（2）为什么儿童大脑耗能占身体耗能的比例比成年人的高？

（3）你还知道哪些关于大脑的有趣知识？

三、研学活动

（一）挑战记忆大师

短时记忆是指保持在 1 分钟以内的记忆，被认为是处于感觉记忆与长时记忆之间的一个阶段。短时记忆编码以听觉编码为主，也存在视觉编码和语义编码。在学习时，我们可以利用复述策略、精加工策略和组织策略来帮助我们更好地记忆。我们可以通过以下的游戏来体验记忆加工策略是如何帮助我们的。

要求：两人一组，其中一个人单纯地重复看下面的词语来记忆，另一个人试着将这些词语编成一个小故事来记忆，限时 1 分钟，时间结束后，请写下你记住的词语（无顺序要求）。

挑战记忆大师

猫	奶奶	山上	蛋糕	漂亮	受伤
洗澡	天气	善良	衣服	喜欢	家

（1）写下你记住的词语。

____

（2）写出几种你平时常用的记忆方法，并和组员分享对你而言记忆效果最好的方法。

①重复读同一句话；②把背诵内容编成顺口溜；③____________________

____

____

（二）神奇的大脑皮层

大脑皮层可以分为四个区域，分别是额叶、颞叶、顶叶、枕叶，这四个功能分区联合调控着我们的行为，缺一不可。现在，请到各个脑区的游戏区，通过一系列小游戏体验各功能区的魅力吧！

要求：①完成大脑皮层各功能分区的介绍；②进行游戏并记录自己的体验。

<table>
<tr><th>脑区</th><th>功能</th><th>游戏</th><th>对应的功能</th></tr>
<tr><td rowspan="2">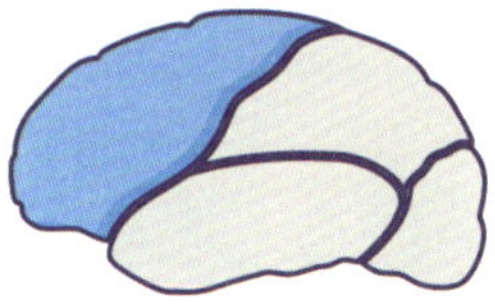
额叶</td><td rowspan="2">①注意力集中；
②控制冲动；
③计划、目标设定；
④__________
⑤__________</td><td>舒尔特方格</td><td>注意力</td></tr>
<tr><td>快乐找不同</td><td>洞察力</td></tr>
<tr><td colspan="4">游戏体验</td></tr>
<tr><td colspan="4">● 舒尔特方格
____
● 快乐找不同
____________________</td></tr>
<tr><td rowspan="3">
颞叶</td><td rowspan="3">①记忆；
②阅读；
③识别节奏；
④__________
⑤__________</td><td>失读症眼中的世界</td><td>阅读</td></tr>
<tr><td>你画我猜</td><td>再认词语或物体</td></tr>
<tr><td>记忆大师</td><td>记忆</td></tr>
</table>

游戏体验

- 失读症眼中的世界

____

- 你画我猜

____

- 记忆大师

____

<table>
<tr><td rowspan="2">
顶叶</td><td rowspan="2">①控制注意力；
②逻辑能力；
③数学推理；
④______
⑤______</td><td>给智慧挠痒痒</td><td>逻辑能力</td></tr>
<tr><td>数学推理</td><td>数学推理</td></tr>
</table>

游戏体验

- 给智慧挠痒痒

____

- 数学推理

____

<table>
<tr><td>
枕叶</td><td>①整合感官信息；
②协调情绪和思维；
③构建心理图像；
④______
⑤______</td><td>试试你看到了多少？</td><td></td></tr>
</table>

游戏体验

试试你看到了多少？

____

____

游戏开发

如果要体验大脑皮层的______功能，还可以设计______（游戏），游戏规则如下：______________________________

____

____

（三）虚拟的大脑

类脑技术是通过借鉴人类大脑的运行机制，实现人工智能感觉、认知、决策、规划和控制等功能。请思考，科学家在进行人工智能系统的设计时需要思考哪些问题，如何参考人类大脑的运行机制去解决这些问题呢？

（1）请团队按照下面的表格进行头脑风暴，并记录你们的思考和想法。

类脑技术问题表

维度		关键问题	解决方法
脑区	功能		
大脑皮层的颞叶	记忆	如何根据人类大脑的记忆方式设计人工智能记忆模式？	构建一个海量知识库，以数据库的形式，结构化描述各种知识和生活中的事情

（2）你认为一份优秀的类脑技术问题表应该达到哪些标准？请补充评价维度，并对上台分享的四个团队进行评分（分数从低到高用 1 ～ 5 表示）。

评价维度	团队 1	团队 2	团队 3	团队 4
创新性	1 2 3 4 5	1 2 3 4 5	1 2 3 4 5	1 2 3 4 5
实效性	1 2 3 4 5	1 2 3 4 5	1 2 3 4 5	1 2 3 4 5
可行性	1 2 3 4 5	1 2 3 4 5	1 2 3 4 5	1 2 3 4 5
趣味性	1 2 3 4 5	1 2 3 4 5	1 2 3 4 5	1 2 3 4 5
	1 2 3 4 5	1 2 3 4 5	1 2 3 4 5	1 2 3 4 5
	1 2 3 4 5	1 2 3 4 5	1 2 3 4 5	1 2 3 4 5
总分				

（四）我和大脑有个约定

我和大脑有个约定

今后，我将通过以下途径去保护我的大脑：

①每天按时就餐，保证大脑的营养输入；

②保证每天晚上有充足睡眠；

③保持良好的饮食习惯，注重荤素搭配；

④______________________________

⑤______________________________

签名：
（队员姓名）

研学活动评价

自评

自评内容	我知道了人脑的功能	在今后的学习中，我能够利用记忆的特点提高学习效率	我了解到大脑对学习的重要性，今后会好好保护大脑	我积极主动承担我的工作职责，协助团队完成目标
	A	A	A	A
	B	B	B	B
	C	C	C	C
	D	D	D	D
	E	E	E	E

总结

在这次活动中，我认为______________团队在解决类脑技术应用问题的时候最有创意，理由是：______________

我认为我们团队的类脑技术问题表还可以从这些方面改进：______________

____